(개정판)
주식, 디지털 자산, 연금,
자산 투자 가이드

(개정판)

주식, 디지털 자산, 연금, 자산 투자 가이드

천백만(배용국) 지음

노후 준비를 위한 투자 인문학

두드림미디어

　내가 SK이노베이션에서 근무하던 시절의 이야기다. 노르웨이로 출장을 갔다가 이틀 후 뉴욕으로 갔다. 노르웨이의 시차에 적응하자마자 또다시 뉴욕으로 가니 생체리듬이 완전히 엉망이 되었다. 늦여름에서 조가을로 넘어가는 오후였는데, 그날따라 날씨가 무더운 데다 두 번이나 바뀐 시차 때문에 쏟아지는 졸음을 주체할 수가 없었다. 허벅지를 꼬집어가면서 겨우 미팅을 마쳤지만, 무슨 말을 했는지 하나도 기억이 나지 않았다. 호텔로 돌아오자마자 그대로 쓰러져서 14시간을 죽은 듯 잤다.

　그날의 미팅은 국내에서는 최초로 선박 펀드를 만들기 위한 것이었다. 미국 뉴욕에 있는 '캠브리지 파트너스'를 중개 회사로 해서 CSFB(Credit Swiss First Boston)은행과 선박 펀드 작업을 진행하려는 것이었다. 회사가 가지고 있던 4척의 VLCC(초대형 유조선)를 자산으로 해서 증권을 발행한 후 미국의 투자자들에게 판매하고, 회사는 4척의 선박을 다시 임차하는 방식이었다. 구조는 지금의 롯데리츠나 SK리츠를 생각하면 된다. SK그룹은 종로에 있는 SK서린빌딩 등을 리츠 회사에 매각하고, 리츠 회사는 이 빌딩을 자산으로 해서 주식을 발행한 후 투자자에게 판매했다. 그리고 SK그룹은 그 건물을 다시 임차해서 사용하고 있다. 선박 펀드가 SK리츠와 다른 점은 건물 대신에 초대형 유조선이 기초자산이라는 점과 건물의 임대료는 고정이지만, 유조선의 임대료는 매일매일 변하는 시세에 따른다는 정도일 뿐 나머지 구조는 비슷하다. 결론부터 말하자면 선박 펀드는 성사되지 못했다. 왜냐하면, SK이노베이션의 신용등급에 문제가 생겨 증권발행의 기준에 미치지 못했기 때문이다. SK이노베이션만의 문제는 아니었고, 그 당시 우리나라 다른 기업들도 마찬가지였다. 우리 경제에 뭔가 심상찮은 일이 벌어지고 있음을 피부로 느낄 수 있었다. 그러더니 몇 달 후 우리나라에 IMF 외환위기가 닥쳐왔다.

나는 SK이노베이션의 '원유트레이딩팀'에서 근무했다. 산유국들과 장기계약을 맺어 원유를 조달하고, 현물 시장에서 원유를 사고팔아 국내 수요에 대응함은 물론, 트레이딩(trading) 이익을 극대화하는 업무를 하는 부서다. 1990년대 말 외환위기가 터지고 국가 부도가 염려되는 상황에 이르자, '과연 산유국들이 원유를 제대로 공급해줄까?' 하는 걱정이 생겼다. 아니나 다를까, 몇몇 산유국에서 T/T거래를 L/C거래로 변경한다는 공문을 보내왔다. T/T거래는 '전신환 송금'이라는 의미로 신용을 기반으로 하며, 원유를 인도받은 후 정해진 기한 내에 현금으로 결제를 하는 것이다. 그런데 이를 L/C, 즉 신용장 거래로 변경한 것이다. 한마디로 우리나라를 믿을 수 없어 담보 없이는 원유를 주지 않겠다는 것이다. 은행에서도 문제가 터졌다. 산유국에서는 글로벌 30위권 이내의 은행에서 발행하는 신용장만 인정했는데, 세계 유수의 은행 중 상당수가 우리나라 기업에 신용장을 열어주지 않으려했다. 내 기억에 쿠웨이트와 아랍 에미리트는 그대로 T/T거래를 유지했었는데, 그래서 우리끼리는 이 두 나라를 "의리가 있다"라고 치켜세웠다. 하지만 국가적 이익 앞에 의리가 무슨 소용이 있을까?

1995년생인 내 딸에게는 돌잔치 때 받은 금반지가 하나도 없다. IMF 외환위기 당시 우리나라 국민 사이에서 금 모으기 운동이 펼쳐졌고, 그래서 나도 동참을 해야겠다는 생각에 딸아이의 금반지를 몽땅 챙겨서 현대백화점으로 갔다. 그렇게 금반지를 팔아 마련한 돈에다가 내가 모아둔 돈을 합해 유화증권의 채권형 상품에 가입했는데, 6개월 만기 상품의 금리가 연 29%였다. 그 상품에 가입하기는 했지만, '이렇게 높은 금리를 내고도 기업들이 생존할 수 있을까?' 하는 의구심을 가질 수밖에 없었다. 그렇게 우리나라에 IMF 외환위기가 왔고, 몇 년 후에는 IMF 외환위기를 완전히 극복했다는 김대중 대통령의 기자회견이 있었다. 국제 정세와 경제에 대해 잘 몰랐던 그 당시의 나는 우리 민족의 저력이 대단하다고 뿌듯하게 생각했을 뿐이었다.

하지만 우리나라가 IMF 구제금융을 받고 이를 극복해온 과정은 완전히 바보짓이었다는 것을 깨닫게 된 것은 그로부터 한참이 지난 후였다. 특히 정부의 엉터리 정책 때문에 국민이 열심히 일군 나라의 부(富)가 외국으로 허무하게 넘어갔다는 것도 알게 되었고, 국제적으로도 우리나라의 대응은 삽질한 호구의 대표적 사례로 남았다는 것도 알게 되었다. 우리가 이렇게 당하게 된 원인은 무지(無知)였다. 특히 정부 관료의 무지 때문에 벌어진 일들이었지만, 국민이 잘 몰랐던 것도 사실이다.

첫째, 외환위기 상황에서는 환율방어를 하는 것이 아니다. 2014년 유가폭락으로 러시아가 금융위기를 맞았을 때다. 러시아 중앙은행 나비울리나(Nabiullina) 총재는 푸틴(Putin) 대통령에게 "외환을 절대로 풀면

안 된다"라고 하면서 환율을 시장에 맡겨버렸다. 당연히 루블화 환율은 폭등했지만, 외환보유고는 그대로 지킬 수 있었다. 몇 달간은 시장이 극심한 혼란에 빠졌지만, 시간이 흐르면서 빠져나가는 자금이 줄어들고, 수입품의 소비도 줄어들면서 환율이 안정을 찾아갔다. 브라질 역시 마찬가지였다. 경제위기 상황에서도 브라질 중앙은행의 톰비니(Tombini) 총재는 외환보유고를 풀지 않았다. 환율이 급등했고, 경제가 일시적으로 휘청거렸지만, 신기하게도 몇 달이 지나자 외화 유출이 멈추고 경제가 안정화되어갔다. 경제위기가 터지면 가장 조급한 것은 외국의 투자자들이다. 까딱하다가는 돈이 녹아버릴 수 있기 때문이다. 이는 다시 말하자면 그들의 입장이 매우 불리하다는 것이다. 그래서 안달복달이다. 러시아나 브라질에 투자했던 투자자들은 이 당시 러시아의 루블화나 브라질의 헤알화가 너무 심하게 떨어져서 어차피 그냥 가지고 있을 수밖에 없었다. 큰 손해를 보고 파느니 자포자기의 심정으로 그냥 끝까지 버틴 것이다. 결국 외화유출도 멈추고 경제도 안정이 되었다. 이 두 나라는 폭등했던 환율 덕분에 오히려 경쟁국에 비해 유리한 위치에 올라서게 되었다. 수출이 늘어나고 수입이 줄어들면서 경제지표가 회복되었다. 러시아와 브라질의 대응은 한 국가가 외환위기에 몰렸을 때 어떻게 행동해야 하는지를 보여주는 모범 답안이 되었다. 우리가 1997년에 행했던 정책과는 완전히 반대였다. 우리는 한국은행이 갖고 있던 외환보유고를 다 풀어서 환율을 안정시키려고 했다. 달러를 다 풀어서 외국인들이 손해 없이 빠져나갈 기회만 만들어줬던 셈이다. 그 결과 외환보유고는 바닥이 났고, 환율이 2,000원 근처까지 치솟으면서 나라의 경제가 완전히 붕괴되고 말았다.

둘째, 자본과 외환에 대해서는 개방이 아니라 엄격한 통제가 필요하다. 1990년대 말, 외환위기가 아시아 전역을 휩쓸었고 말레이시아도 예외는 아니었다. 하지만 유독 중국과 대만만은 피해를 보지 않았다. 그 원인은 자본이동과 외환거래에 대한 엄격한 통제 때문이었다. 이에 힌트를 얻은 말레이시아의 마하티르(Mahathir) 총리도 1998년 9월 1일, 해외의 링깃화 거래를 전면 중단했다. 링깃화를 가진 외국인들은 말레이시아로 들어와 거래해야만 했다. 말레이시아의 이러한 결정은 국제적인 조롱거리가 되었다. 〈월스트리트 저널〉은 말레이시아의 자본통제 정책을 두고 '거대한 계산 착오'라는 제목의 기사에서 '말레이시아는 암흑 속에서 헤매는 불행한 시기로 접어들 것으로 보인다'라고 경고했다. 하지만 이렇게 자본을 통제하자 말레이시아 경제는 서서히 살아났다. 후에 IMF조차도 이를 인정했는데, 자본통제가 취해진 1년 후 IMF는 "자본통제 체제는 많은 연구자가 처음 생각했던 것보다 더 많은 긍정적인 효과를 낳았다"라는 내용을 발표했다.

우리나라는 외환위기 당시 미국의 은행들이 한국에 지점을 설립할 수 있도록 했고, 외국인들이 상장회사 지분을 50%까지 보유할 수 있도록 상향 조정했으며, 외국인 개인이 보유할 수 있는 기업의 주식 지분을 7%에서 50%로 늘렸다. 자본 시장을 전면 개방함은 물론, 노동 시장까지 유연화해주기로 약속해 외국자본이 우리나라 기업을 통째로 삼키기 쉬운 상태로 만들어줬다. 더구나 금리를 30%까지 인상했으니 정상적인 기업이라도 도저히 버틸 수 없는 상태가 된 것이다. 각종 수요 감축 정책과 고금리는 그렇지 않아도 힘든 기업들을 더욱 힘들게 할 뿐이었다. 한번 생각해보자. 2008년 리먼 사태 때나 2020년 코로나19 위기 때 미국이 금리를 30%로 올렸다면, 과연 미국의 경제가 무사히 넘어갈 수 있었을까? IMF의 요구 때문에 어쩔 수 없다고 항변할지도 모르지만, 그렇다면 IMF의 자금을 받지 않았으면 될 일이다. 말레이시아는 IMF의 자금을 거부하고도 우리보다 훨씬 슬기롭게 위기를 극복했다. 반면 우리나라는 듣지도 보지도 못했던 '론스타'와 같은 사모펀드들이 먹잇감을 찾아 헤매는 각축장이 되었고, 우리의 자존심을 건드리는 그들의 비상식적인 행태에 국민이 분노를 터뜨린 적이 한두 번이 아니었다.

내가 이 책을 쓰는 가장 큰 이유는 알고 이해하자는 것이다. 알고 이해하면 두 눈 뜨고 당하는 일은 발생하지 않을 것이라는 생각이다. 삼성전자의 외국인 지분은 60%를 넘어선다. 사실상 외국인들이 주인인 회사다. 삼성전자가 번창할수록 돈을 벌어가는 주체는 외국인이다. 물론 이것이 나쁘다는 것은 아니다. 다만 삼성전자의 가치를 우리가 더 일찍 알아차리고 더 일찍 투자했다면, 외국인의 몫을 우리가 더 차지했을 것이다. 국민연금이 만약 삼성전자의 가치를 알아차려서 투자 비중만 늘렸더라도 우리 국민의 노후 자금이 상당 부분 해결되었을 것이라는 글을 읽은 적도 있다. 코로나19 때문에 외국인들이 주식을 헐값에 팔아 치울 때 우리 국민이 부화뇌동하지 않고 그 주식을 다 받아줬다. 과거에는 보지 못했던 장면이다. 언론에서 '동학개미운동'이라고 치켜세운 것도 개인 투자자들이 과거보다 많이 발전했다는 것을 뜻한다. 개인 투자자들이 이렇게 행동할 수 있었던 원인은 주식과 투자에 대해 알고 이해했기 때문이다. 물론 유튜브 등의 매체가 발전하다 보니 과거에는 한정된 집단들만 공유하던 정보를 나눌 수 있다는 게 도움이 되었다. 하지만 과거보다 더 많이 알고, 더 많이 이해하게 되었다는 것이 중요하다. 자산 투자에 대한 이해력이 높아지다 보면 자연히 국가의 부(富)도 지킬뿐더러 개인들의 노후 준비도 완성된다는 것이 내 생각이다. 자산 투자에 대한 이해! 이런 목적에서 이 책을 쓰게 되었다.

이 책을 쓴 의도는 노후를 위해 자산 투자를 하자는 것이다. 특히 매달 일정 금액을 투자하는 적립식 투자를 강조한다. 그럴 경우 실패 확률이 거의 없다고 생각하기 때문이다. 이 책에서는 노후 준비를 위한 주식과 가상자산 투자에 대해 설명하고, 연금 보험 등에 대해서도 소개하고 있다. 그리고 사람들이 간과하기 쉬운 현금 관련 부문도 따로 추가했다. 투자에 있어 가장 중요한 것은 투자 자산의 속성을 이해하는 것이다. 즉, 주식 투자를 하려면 주식의 본질에 대해 알아야 하고, 가상자산에 투자하려면 그 본질에 대한 이해를 넓혀야 한다. 그래서 이 책에서는 투자 자산의 본질을 이해할 수 있는 인문학적 접근을 많이 시도했다. 기법을 알아도 원리를 이해하지 못하면 사상누각이라는 생각이 나를 강하게 지배하기 때문이다. 그런데도 나의 지식이 부족함을 느끼는 것은 어쩔 수 없는 것 같다.

이 책은 2021년 가을부터 2022년 1월까지 짬짬이 시간을 내서 썼다. 앞에서부터 차근차근 쓴 것은 아니고 이곳저곳 생각나는 대로 썼다. 그러다 보니 어떤 부분은 2021년 10월 기준이고, 또 다른 부분은 2022년 1월 기준이다. 이 점은 이해를 부탁드린다. 마지막으로 이 책을 쓰는 데 신의두뇌 님의 혜안이 많은 도움이 되었음을 미리 전하고, 사랑하는 윤서와 윤재에게 부끄럽지 않은 책이길 바란다.

천백만(배용국)

1장

시작하기 전에

1

투자 자산의 성격과
경제 현상 이해하기

이 책에서는 투자 자산으로서의 주식, 펀드, 가상자산, 연금보험, 그리고 현금에 대해 이야기하고 있다. 하지만 나의 의견을 이야기하기 전에 미리 짚고 싶은 점이 두 가지가 있다.

첫째, 모든 투자 자산의 성격에 대해 어느 정도 지식이 있어야 한다는 것이다. 나는 비트코인에는 관심이 없으니 주식만 알면 된다든가, 또는 변동성이 큰 가상자산 시장이 내 성향에 맞으므로 주식에 대해서는 알 필요가 없다든가 하는 방식을 지양해야 한다는 것이다. 다른 자산에 투자하든, 하지 않든 모든 투자 자산의 개별 성격에 대해 알고 있어야 한다. 그래야 리스크를 줄이고 수익을 늘리는 여러 가지 거래 (transaction)가 가능하다.

둘째, 학창시절 수학을 공부할 때 가장 많이 들었던 말이 "기초 개념을 이해하고 있어야 한다"라는 것이었다. 나는 이 말을 무척이나 공감한다. 어려운 수학문제를 푸는 데 있어 미적분은 무한대로 쪼갠 후 전부 더하는 것이라는 기본 개념을 이해하는 것이 공식을 외우는 것보다 훨씬 중요하다. 마찬가지로 어떤 용어나 현상을 이해할 때는 그 개념에 대한 이해가 있어야 한다. 그래야 분석할 수 있고 응용할 수 있다. 어떤 주식 전문가 한 분이 종편에 출연해서 "주린이들은 'P'자가 들어간 지표는 숫자가 적을수록 좋다는 것을 외우라"고 한 적이 있다. 즉, PER은 10보다는 5인 기업이 더 좋고, PBR은 1보다는 0.5인 기업이 더 좋다는 것이다. 하지만 꼭 그런 것은 아니다. 오히려 PER이 높을 때 투자해서 PER이 낮을 때 매도하는 투자 방법이 더 설득력이 있는 경우도 많다. 이는 PER에 대한 이해가 있어야 가능한 투자 방법이다. 자산 투자를 함에 있어 지금 이야기한 두 가지 요소는 중요하다고 생각하므로, 이에 대한 나의 생각을 먼저 이야기한 후 이 책을 시작하려고 한다.

콘택트 관련 주와 비트코인의 상관관계

2021년 6월은 1년 이상 지속하던 코로나19를 극복하고 정상 생활로 복귀가 기대되던 시기였다. 그래서 이른바 콘택트 관련 주식이 상승하던 시기였다. 그런데 인도에서 처음 발견된 델타변이라는 변종이 점차 확산되어가기 시작했다. 델타변이가 확산되면 사회적 거리 두기는 다시 강화될 것이고, 우리 사회는 다시 언택트의 시대로 돌아갈 것이다. 그러면 콘택트 관련 주는 다시 하락할 가능성이 매우 컸다. 콘택트 관련 주를 포트폴리오에 담고 있는 투자자라면 이 주식을 매도해야 할까? 델타변이가 급속히 확산한다는 확신이 있다면, 단기적 관점에서는 콘택트 관련 주를 일단 매도하고 관망하는 것이 옳은 전략이겠지만, 그렇게 간단한 문제는 아니다. 델타변이가 국경을 넘어 세계로 확산할지, 아니면 잠시 확산하는 듯하다가 소멸할지는 아무도 모른다. 만약 예상만큼 확산하지 않는다면 주가는 잠시 주춤하다가 곧바로 상승할 가능성이 크다. 그렇다면 주식을 매도하지 않고 보유하는 것이 유리하다.

이는 내가 2020년 2월, 코로나19가 막 퍼지기 시작했을 때 했던 고민과 같은 맥락이다. 2020년 설날 연휴에 서울 강남에 있는 뉴브(NEWV) 호텔 로비에서 지인을 만난 적이 있었는데, 바로 그날 그 장소에서 우리나라 첫 번째 코로나19 확진자가 나왔었다. 아마도 내가 국내 첫 번째 확진자와 호텔에서 스쳐 지나갔을지도 모를 일이다. 어쨌든 그때도 보유 주식을 팔아야 할지 고민을 많이 했었다. 코로나19가 전 세계로 확산될지, 아니면 며칠 동안 요란하게 뉴스거리를 제공하다가 6년 전 메르스 때와 마찬가지로 조용히 사라져버릴지 알 수가 없었기 때문이다. 결국, 델타변이에 대한 대응으로 나는 일종의 헤징 전략을 취하기로 했다. 헤징 전략이라는 것이 특별한 것은 아니고, 비트코인을 매수하는 것이었다. 그러면 왜 델타변이가 퍼지는 상황에서 비트코인을 매수하는 것이 콘택트 주식의 하락을 헤징하는 전략이 될 수 있는지를 설명해보겠다.

다음 두 가지 경우를 비교해보자.

첫째, 중세 흑사병으로 인한 1차 쇼크가 잠잠해졌을 때, 전시를 방불케 하는 긴급 사태를 극복하기 위해 유럽에서는 화폐를 대량으로 발행했다. 그러자 거대한 인플레이션이 생겼다.

둘째, 2008년 리먼 사태 이후, 전시를 방불케 하는 긴급 사태를 극복하기 위해 미국에서는 화폐를 대량으로 발행했다. 하지만 심각한 수준의 인플레이션은 발생하지 않았다.

이 둘의 차이는 무엇일까? 두 경우 모두 대량의 화폐를 발행했는데, 왜 중세 유럽에서는 거대한 인플레이션이 발생했고, 2008년에는 인플레이션이 발생하지 않았을까? 하노 벡(Hanno Beck)의 저서 《인플레이션》을 읽다 보면 '인플레이션은 물가에만 반영되는 것이 아니다. 자산과 유가증권의 가격이 상승하는 자산 인플레이션도 동시에 발생한다'라고 하면서 '소비자 물가가 오르지 않는 것은 돈이 투자 자산으로 몰린다는 이야기'라는 말을 한다. 나는 여기에 정답이 있다고 생각한다. 결국, 자산 시장의 유무(有無)가 인플레이션의 차이를 만들었다고 본다.

하노 벡의 《인플레이션》에 나오는 이야기를 좀 더 해보자. 저울의 한쪽 접시에는 화폐가 있고, 다른 쪽 접시에는 상품이 있다. 화폐가 많으면 화폐가 담긴 접시가 아래로 내려가고, 화폐가 적으면 화폐가 담긴 접시가 위로 올라간다. 예를 들어, 양팔저울의 왼쪽에는 10만 원의 화폐가 있고, 오른쪽에는 5만 원짜리 와인 2병이 있다. 이렇게 되

자료 1-1. 양팔저울

면 양팔저울의 균형이 맞다. 그런데 만약 와인의 가격이 6만 원으로 오른다면, 오른쪽 접시가 무거워지므로 오른쪽 접시가 아래로 내려가게 된다. 그래서 왼쪽 접시에 2만 원을 더 올려놓으면 비로소 저울이 균형을 유지해 다시 평행상태가 된다. 따라서 화폐 수량이 증가하면 물가가 상승하는 인플레이션이 발생한다.

이번에는 양팔저울의 왼쪽 접시에는 화폐가 있고, 오른쪽 접시에는 공산품, 농산품, 부동산, 주식, 비트코인 등 자산과 상품이 함께 올라가 있다. 현재는 균형을 잘 맞추고 있다. 만약 왼쪽 접시에 더 많은 화폐가 올라가면 저울은 한쪽으로 기울 것이다. 하지만 화폐의 증가에 상응해 오른쪽 접시에 있는 부동산, 주식, 비트코인 등 자산의 가격이 올라가면 양팔저울은 다시 균형을 맞출 것이다. 즉, 통화가 증가해도 부동산, 주식, 비트코인 등 자산의 가격이 상승하면 상품의 가격이 상승하지 않아도 균형이 맞는다는 것이다. 정리하자면, 첫째, 통화량이 증가해도 인플레이션이 오지 않을 수 있고, 둘째, 호황기가 아니어도 자본 시장 경기가 활성화되고 주가가 상승할 수 있다. 참고로 화폐유통속도는 동일하다고 가정했다. 화폐유통속도는 돈이 시중에서 유통되는 속도를 말하는데, 만약 화폐유통속도가 2배가 된다면 통화량이 2배가 늘어난 것과 같은 효과를 가져온다.

다시 예를 들어보자. 만약 미국에서 엄청난 규모의 양적 완화가 되었다고 가정해보자. 이렇게 풀려난 달러는 어디론가 흡수가 된다. 달러를 흡수할 수 있는 주체는 2개다. 첫째는 물가이고, 둘째는 자산 시장이다. 물론 해외에서도 달러를 흡수하지만, 설명이 약간 복잡해지므로 이 경우는 제외하겠다. 간단하게 이야기하면, 만약 양적 완화된 달러가 모두 물가에 흡수되면 아마도 심각한 인플레이션이 발생할 것이다. 그러나 만약 양적 완화된 달러가 모두 자산 시장으로 흡수된다면 자산 시장에 거품이 생겨나겠지만, 심각한 물가 상승은 발생하지 않을 것이다. 왜냐하면, 시중에 풀려나간 달러가 모두 자산 시장에 묶여버리기 때문이다.

2008년 리먼 사태 때 대규모 양적 완화를 했음에도 불구하고 인플레이션이 발생하지 않았다. 중국을 비롯한 개발도상국들이 달러를 확보하기 위해 수출 경쟁을 벌였고, 그 결과 미국의 수입물가가 낮아져서 물가가 오르지 않은 것도 원인이다. 생산기술도 발달해 공산품의 생산원가가 낮아진 것도 원인이다. 또 다른 학자들은 '아마존 효과'를 언급하기도 한다. '아마존 효과'는 세인트루이스 연방 준비은행의 이코노미스트인 클라이센의 이론인데, 이커머스(eCommerce)가 보편화되면서 인플레이션이 억제된다는 것이다. 아마존과 같은 온라인 매장이 대량구매와 대량판매를 통해 판매가격을 낮춤으로써 기존 오프라인 매장의 판매가격도 낮추도록 유도하는 효과를 가져왔다는 것이다. 물론 다 옳은 말이지만, 나는 양적 완화된 달러의 상당 부분이 주식 시장 등 자산 시장으로 흡수되어버린 것이 인플레이션이 발생하지 않은 가장 큰 요인이라고 생각한다.

다시 2021년 7월로 돌아가보자. 미국이 넘쳐나는 유동성 때문에 테이퍼링을 단행할 순간이었지만, 갑자기 델타변이가 퍼지면서 베트남, 말레이시아, 인도네시아, 태국 등 동남아 국가들의 공장들이 모두 잠정적으로 폐쇄되었다. 그 당시 델타변이 확진자 수는 동남아가 세계 최다였다. 베트남을 예로 들자면, 초기에는 병원이나 약국을 가거나 식료품을 구매하는 경우에는 외출을 허용하는 수준이었지만, 확진자가 계속해서 증가하자 주민들의 외출을 완전히 금지했다. 식료품 등

생필품에 제한해 자원봉사자를 통해서 주문하면 집으로 배달해줬고, 직접 슈퍼나 근처의 가게에 가는 것도 금지되었다. 몰래 슈퍼에 가도 시민들에게 직접 물건을 판매하지 않았다. 만약 길거리에 사람이 있으면 경찰들이 트럭에 태우고 어디론가 데려갔다. 거리에 개미 한 마리 없는 풍경이 신기해서 페이스북에 올릴 사진을 찍으려고 집 밖으로 나갔다가 잡혀갔다는 사례도 있다.

이 정도였으니 공장에서 물건이 생산될 수가 없었다. 이로 인해 발생한 대표적 사건이 차량용 반도체의 부족 현상이었다. 동남아에는 차량용 반도체 업체의 생산 공장이 밀집해 있다. 미국은 차량용 반도체의 절반가량을 말레이시아, 필리핀, 베트남, 인도네시아, 태국 등 5개 현지 공장에서 수입한다. 그런데 차량용 반도체 생산에 차질이 생기면서 완성차의 생산량이 급감했다. 그래서 중고차의 시세가 새 차 가격과 같은 현상까지 나타났다. 소비재 부문에서도 미국은 동남아에 대한 의존도가 높다. 예를 들면, 미국에서 수입하는 신발의 30%가 베트남에서 생산된다. 그래서 델타변이 때문에 제대로 조업을 못 해 공급망에 문제가 생기자 나이키에서 '백신을 베트남에 더 기부해주세요'라는 편지를 바이든(Biden) 대통령에게까지 보내게 된 것이다.

또한, 항만에서는 작업인부들이 델타변이 때문에 제대로 하역 작업을 할 수가 없었고, 작업인부를 구할 수도 없어 작업이 지체되었다. 그 결과 물건을 실은 선박들은 항구 밖에서 앵커를 내리고 기다리고 있었고, 하역 작업이 늦어지자 슈퍼마켓에서는 팔 수 있는 물건들의 씨가 말라갔다. 상황이 더욱 좋지 않았던 것은 연중 최대 쇼핑 시즌인 중국의 광군절, 미국의 블랙 프라이데이가 점차 다가오고 있다는 사실이었다.

상품이 부족하면 물가는 오르게 되어 있다. 공장이 가동을 중단해 물건 생산이 안 되었고, 그나마 겨우 생산이 된 물품도 하역 작업이 지체되면서 공급망에 큰 차질이 생겼다. 수요는 그대로인데 공급이 줄면 인플레이션이 온다는 것은 삼척동자도 다 아는 사실이다. 그렇다고 미국이 당장 금리를 올릴 수 있는 상황도 아니었다. 코로나19에 의한 고용문제가 회복되지 않았기 때문이다. 과거와 같이 중국이나 일본이 미국의 국채를 매입해 달러를 흡수해줄 상황은 더욱 아니었다. 결국 미국 정부가 인플레이션을 억제하기 위해 택할 수 있는 방법은 달러가 자산 시장으로 들어가도록 유도하는 것밖에 없다고 생각했다. 달러가 자산 시장에 흡수되어야 인플레이션이 발생하지 않기 때문이다.

하지만 기존의 자산 시장은 더는 유동성을 흡수하기 어려운 상태였다. 미국의 주택가격은 사상 최고치를 연일 경신하고 있었고, 주식 시장도 마찬가지였다. 유동성이 부동산 시장과 주식 시장에 흘러 들어가면 오히려 더 큰 버블로 인한 부작용이 생길 위험이 있었다. 그런 관점에서 볼 때 미국 정부는 달러를 흡수해줄 새로운 자산 시장이 필요할 것이고, 새로운 자산 시장은 비트코인을 비롯한 가상자산이 적합하다고 생각했다. 왜냐하면, 미국과 중국의 규제 때문에 2021년 4월 이후로 가상자산의 가격이 반토막 난 상태였고, 그래서 유동성을 어느 정도 흡수할 수 있는 여건이 되었기 때문이다. 즉, 미국 정부에서는 달러의 유동성이 가상자산 시장으로 유입되는 것을 용인할 것이고, 이는 비트코인의 상승을 가져올 것이라고 예상했다.

결론적으로, 델타변이가 발생하면 인플레이션의 발생이 필연적이고, 미국 정부가 비트코인의 상승을 용인할 것이다. 상승을 용인한다는 의미는 규제를 남발하지 않는다는 것이다. 미국의 증권거래위원회 (SEC)가 비트코인의 선물ETF를 승인한 것도 같은 맥락이다. 델타변이가 퍼지면 콘택트 주식의 주가는 떨어지겠지만, 반대로 비트코인의 가격은 오를 것이다. 반대로 델타변이가 메르스와 마찬가지로 지지부진하면 콘택트 주식의 주가는 제자리를 찾아 오를 것이고, 비트코인은 충분한 조정을 받은 상태이기 때문에 더는 큰 하락은 없을 것이다. 그래서 비트코인을 통한 헤징이 손해 볼 것이 없는 전략이라고 생각한 것이다.

이는 내가 유튜브에서 방송했던 내용을 요약한 것으로, 이런 이유로 그 당시 나의 포트폴리오에 비트코인을 편입했다. 결과적으로 델타변이가 퍼지면서 사회적 거리 두기는 더욱 강화되었고, 콘택트 주식은 25% 정도가 하락했지만, 대신 비트코인이 100% 이상 상승하면서 나의 헤징 전략은 성공적이었다고 말할 수 있다. 내가 드리고 싶은 말씀은 주식 투자자들이 주식에만 얽매이지 않고 다른 자산의 성격까지 포괄적으로 알고 있으면 자산의 수익률을 높일 수 있다는 것이다.

정부의 말은 신뢰할 만한가?

동남아의 공급망이 붕괴하고 항만의 지체된 하역 작업 때문에 인플레이션에 대한 우려가 제기될 무렵, 제롬 파월(Jerome Powell) 연준 의장과 재닛 옐런(Janet Yellen) 재무부 장관은 인플레이션은 일시적이라고 계속 주장하면서 주식 투자자들을 달랬다. 그런데 정말로 인플레이션이 일시적일까? 우리는 이 말을 일단 의심해봐야 한다. 그래서 진실인지, 아니면 립 서비스인지를 판단해야 한다. 나는 이 말은 립 서비스라는 판단을 내렸다. 근거는 간단하다. 글로벌 공급망에 큰 문제가 생겼고 이 문제가 단시간에 해결될 기미도 없었고, 또 델타변이가 갈수록 기승을 부리면서 하역 작업이 계속 지체되는데 어떻게 인플레이션이 일시적일 수 있을까? 더구나 블랙 프라이데이가 얼마 남지 않았음에도 불구하고, 월마트 매장에는 판매할 물건이 없는데 어떻게 인플레이션이 일시적일 수 있을까? 나는 제롬 파월 의장의 말과 다르게 향후 거대한 인플레이션이 올 수 있다는 결론을 내렸고, 그래서 유튜브 방송에서 "인플레이션이 일시적이라는 제롬 파월의 말은 거짓말일 가능성이 크다"라는 말을 여러 번 했었다. 결국, 수개월이 지난 후에야 제롬 파월 의장은 인플레이션이 일시적이지 않다고 인정을 했다.

수요가 그대로인데 공급에 문제 생기면 물가는 오른다는 사실은 거창한 이론이 아니다. 누구나 알고 있는 사실이다. 하지만 파월과 같이 권위를 가진 사람이 말하면 사람들은 무조건 믿는 경향이 있다. 주식 관련 방송을 봐도, 연준의장이 인플레이션은 일시적이라고 했으니 큰 걱정 안 해도 된다고 말하는 경제전문가분들도 많았다. 하지만 투자자들은 항상 자신이 스스로 생각을 해보고 의심하는 습관을 길러야 한다고 생각한다.

같은 정책, 다른 결과

이번에는 '테이퍼링'에 대해 이야기하겠다. 2021년 내내 테이퍼링에 관한 관심이 폭발적이어서 투자자들은 모두 테이퍼링에 대해 이해하고 있다. 수도꼭지를 잠그듯이 유동성 공급을 점차 줄여나간다는 의미다. 연준은 11월 초 FOMC정례회의를 마친 뒤 성명에서 "월간 순자산 매입을 국채 100억 달러, 주택저당증권(MBS) 50억 달러씩 줄이기로 했다"며 테이퍼링을 발표했다. 그런데 그로부터 며칠 후 비트코인이 전고점을 돌파해 사상 최고치를 갱신했다. 테이퍼링은 유동성의 확대를 줄이는 것이므로 가상자산 가격의 하락을 가져올 것 같은데, 왜 반대로 움직였을까? 우리는 통상적으로 테이퍼링을 하느냐, 마느냐에만 관심을 두지만, 사실 이보다 더 중요한 것은 테이퍼링을 왜 하는지에 대한 원인이다. 테이퍼링을 하는 원인은 두 가지가 있을 것이다.

첫 번째, 경제가 회복되어 더는 양적 완화를 할 필요가 없을 때
두 번째, 돈이 과다하게 풀려 인플레이션을 감당할 수 없을 때

같은 테이퍼링이라고 할지라도 원인에 따라 결과는 다르게 나타난다. 2021년 11월의 테이퍼링은 두 번째 원인에 의한 것이다. 즉, 인플레이션 때문에 테이퍼링을 해야 한다는 것이고, 이는 다시 말하면 테이퍼링보다는 인플레이션이 강조된 것이다. 그러면 인플레이션의 헤지가 필요할 것이고, 그래서 비트코인이 강세를 보였다고 생각했다.

그런데 11월 말, 인플레이션이 일시적이지 않다고 인정한 파월 의장의 발언이 있고 난 뒤부터 비트코인은 지속해서 약세를 보인 바 있다. 여기서 이상한 점이 한 가지 있다. 11월 초 테이퍼링 때에는 비트코인이 인플레이션 때문에 가격이 상승했다고 말했다. 그러면 약 한 달 후에는 인플레이션이 더 심해진다는 사실을 파월이 고백한 것이나 마찬가지인데, 이번에는 왜 비트코인의 가격이 하락할까? 서로 모순이 아닌가?

이 둘의 차이점을 구분하기 위해서는 비트코인의 속성에 대한 이해

가 있어야 한다. 비트코인은 본질가치가 없다 보니 금리와 유동성에 가장 민감하게 반응하는 자산이다. 11월 말에 파월이 한 말은 조만간 금리를 인상하고 양적 축소를 하겠다는 의미다. 따라서 인플레이션이라는 원인이 같음에도 불구하고 결과는 반대로 나타나는 것이다. 어떤 자산에 대한 이해 또는 경제 현상에 대한 이해가 있어야 응용할 수 있다. 이것이 자산 투자에 가장 중요한 요소라고 생각한다.

2장

주식과 펀드

1

주식 투자의 본질은?

독자 여러분들은 주식 투자의 본질에 대해 어떤 생각이 있는지 궁금하다. 나는 주식 투자의 본질은 배당이라고 생각한다. 하지만 투자자 대부분은 시세차익을 목적으로 투자를 할 뿐이고, 배당은 보너스 정도로 생각한다. 그런데 왜 배당이 주식 투자의 본질이라고 할까? 그 이유는 주가의 등락도 결국 배당이 원인이기 때문이다. 즉, 시세차익도 배당 때문에 생겨난 현상이라는 것이다.

2020년과 2021년에는 성장주들이 큰 시세를 줬다. 플랫폼 대표 기업인 네이버와 카카오도 성장주이고, 배터리 소재주의 핵심인 에코프로비엠도 성장주다. 미국에서도 테슬라 같은 성장주가 큰 상승을 했다. 국내외를 가리지 않고 투자자들이 성장주에 열광했다. 그럼 네이버나 카카오, 또는 에코프로비엠과 같은 회사가 성장하면 주식 투자자들에게 무슨 혜택이 있을까? 회사가 성장해도 투자자들에게 돌아오는 혜택은 사실상 아무것도 없다. 네이버나 카카오가 성장한다고 투자자들에게 월급을 주는 것도 아니고 선물을 보내주는 것도 아니다. 더구나 성장주들은 배당도 거의 없다. 지속적인 성장을 위해서는 많은 투자 자금이 필요하기 때문이다. 그런데 왜 투자자들은 성장주에 열광할까? 그 이유는 회사가 빨리 성장해서 더 많은 배당을 해주리라는 기대 때문이다. 그 외에는 아무것도 없다.

예를 들어보자. 1990년대 초반 최고의 성장주는 SK텔레콤(그 당시 한국이동통신서비스)이었다. 액면가 500원을 기준으로 할 때 그 당시 주가는 4,000원이었다. 그런데 요즘 SK텔레콤은 주당 1만 원씩 배당을 한다.[1] 만약 그때 SK텔레콤 주식에 1,000만 원을 투자했다면 지금은 매년 2,500만 원씩 배당을 받는다. 주식을 계속 보유했더니 매년 250%의 배당을 받는다는 것, 이것이 바로 성장주의 매력이다.

삼성화재(그 당시 안국화재)도 비슷한 경우다. 삼성화재도 1990년대 초반에 주가가 약 4,000원이었다(액면가 500원 기준). 요즘 삼성화재도 매년 약 10,000원 정도 배당을 한다. 배당수익률이 투자 원금 대비 매년 250%다. 1,000만 원을 투자했더니 매년 2,500만 원을 배당으로 주는 주식, 이런 주식은 최고의 성장주가 아니면 어렵다. 그래서 성장주가 비록 지금은 배당을 많이 주지 않지만, 빠르게 성장해서 향후에는 많은 배당을 줄 것이라는 기대가 있는 것이다.

2021년 10월을 기준으로, SK텔레콤의 주가는 약 30만 원이고, 삼성화재는 25만 원 수준이다. 그런데 만약 SK텔레콤이나 삼성화재가 배당하지 않는다면, 현재의 주가 수준을 유지할 수 있을까? 그렇지 않다. 당연히 지금의 주가보다 많이 낮을 것이다.

---

1) 분할 이전의 SK텔레콤을 말한다. 이후 SK텔레콤은 11월 1일(분할기일)에 SK스퀘어와 SK텔레콤으로 분할되었다.

극단적인 예를 하나 들어보자. 1992년 1월 종합주가지수는 640이었고, SK텔레콤의 주가는 4,300원이었다. 삼성화재의 주가는 2,765원이었다. 2021년 1월 종합주가지수는 2,874.5였고, SK텔레콤의 주가는 238,500원이었다. 그리고 삼성화재의 주가는 186,000원이었다. 종합주가지수가 4.5배 뛰는 동안 SK텔레콤은 55배, 삼성화재는 67배의 주가 상승이 있었다. 그런데 만약 SK텔레콤이나 삼성화재의 주가가 종합주가지수만큼인 4.5배만 상승하는 일이 발생할 수 있었을까? 그런 일은 절대로 발생하지 않는다. 왜냐하면, 배당 때문이다.

자료 2-1. SK텔레콤과 삼성화재의 주가변화

구분	1992년	2021년	증감
종합주가지수	640	2,874.5	+450%
SK텔레콤	4,300원	238,500원	+5,500%
삼성화재	2,765원	186,000원	+6,700%

만약 SK텔레콤이 종합주가지수 상승분인 4.5배만 상승했다면 SK텔레콤의 주가는 19,350원이 된다. SK텔레콤은 매년 10,000원씩 배당을 주는데 주가가 19,350원이면 배당수익이 약 52%가 된다. 1,000만 원을 투자하면 매년 배당으로만 520만 원을 받는다는 계산이다. 그러면 투자자들이 모두 이 주식을 사려고 몰려들기 때문에 주가는 당연히 오를 것이고, 절대로 19,350원 수준에 머무르지 않는다.

삼성화재도 마찬가지다. 만약 삼성화재가 종합주가지수와 동일하게 4.5배만 상승했다면 2021년의 주가는 12,240원이 된다. 매년 배당으로만 10,000원을 주니까 배당 수익률이 무려 82%가 된다. 2020년 2월에 하나은행에서 적금 금리 5%의 한정 상품을 내놓자 가입자들이 몰려 북새통을 이룬 적이 있다. 연 82%의 수익이라면 투자자들이 집이라도 팔아서 투자할 것이기에 당연히 주식 가격은 올라갈 수밖에 없다.

결국, 호재가 나왔을 때 주식이 오르는 본질적인 이유는 향후 회사의 이익이 증가해 배당을 많이 줄 것이라는 기대감 때문이고, 반대로 악재가 나왔을 때 주식이 떨어지는 이유는 향후 회사의 이익이 축소되어 배당이 줄어들 것이라는 실망감 때문이다. 그래서 주식이 등락하는 근본적 이유는 배당 때문이고, 따라서 배당이 주식 투자의 본질이라는 생각을 하게 된 것이다. 주식이 왜 오르락내리락하는지에 대한 근본적인 이해만 있어도 주식을 대하는 자세가 달라질 것이다. 내 경우가 그랬기 때문이다.

$$2$$

어떤 종목에 얼마의 비중으로
투자해야 할까?

2006년 최고의 성장주

2005년에 나는 배용준 씨와 손예진 씨 주연의 영화 〈외출〉을 제작해서 개봉했다. 그 당시 일본에서 배용준 씨의 인기는 하늘을 찌를 듯 치솟았는데, 그로 인해 여러 가지 웃지 못할 사건들이 많았다. 배용준 씨가 일본에서 얼마나 인기가 있었는지 실감을 못 하는 분들이 많을 것 같은데, 글로벌 스튜디오인 유니버설 픽처스 저팬의 구매 담당 이사에 의하면, 일본에서 배용준 씨의 인기는 비틀즈 이후로 최고였다고 한다. 이 영화는 한국에서는 흥행에 큰 성공을 거두지 못했지만, 일본에서는 큰 히트를 기록했고, 지금까지도 해외 최고 수출액 기록을 가지고 있다. 영화인들은 이 영화의 해외 수출 기록은 향후 100년 동안은 깨지지 않을 것이라는 말들을 한다.

이 영화가 극장에서 막을 내린 후에도 배용준 씨의 일본 팬들이 수시로 내 사무실로 몰려와서 배용준 씨가 회의했던 곳 등을 보여 달라고 조르는 일도 많았고, 또 팬들끼리 영화를 관람한 소감을 정리해 책으로 만든 후, 이를 번역해 나에게 보내주는 수고까지 해줬다. 팬들은 한국에 와서 1박 2일로 영화 〈외출〉에 대한 토론을 하는 일도 많았는데, 그때마다 나를 세미나에 초청하곤 했다. 이들은 그야말로 배용준 씨의 열혈 팬들이어서 영화를 열 번 이상 본 사람들이었고, 영화의 장면을 모두 외우고 있었다. 그래서 영화를 만든 나에게 하는 질문도 굉장히 구체적이었는데, 예를 들면 "어떤 장면에 있는 그 꽃의 의미가 무엇인가?"와 같은 것이었다. 기억에 남는 질문 중에는 "왜 이사를 한 후에는 자장면을 먹느냐?"라는 것도 있었다.

이때 일본 관련 여행업을 하는 사장님을 알게 되었다. 주로 일본에서 관광객을 모집하는 분이었는데, 자주 만나다 보니 개인적으로 가깝게 지냈다. 어느 날 이분으로부터 전화를 받았는데, 코스닥에 등록된 IT 회사를 인수하게 되었다는 것이었다. 여행사를 하다가 갑자기 코스닥 IT 회사를 인수한다는 것이 의아했지만 그러려니 하고 잊고 있었다. 그런데 얼마 후 회사를 방문해달라는 연락을 받았다. 그래서 점심 식사를 같이하게 되었는데, 사장님은 새로 인수한 회사에 대해 장황하게 설명했다. 그 회사는 원래 IT 관련 회사였지만 기존 사업은 포기하고 가스유전 개발을 새로운 아이템으로 장착했다. 즉, 자원개발을 한다는 것이었다. 파푸아 뉴기니에서 대규모의 가스전을 발견했는데, 주위가 산호초로 둘러싸여 있어 자연훼손 문제 때문에 허가에 어려움은 있겠으나 어떻게든 허가권을 획득하려고 노력 중이라면서, 그 가스전이 개발되면 규모가 어떻고, 금전적 가치가 어떻고 하는 이야기를 했다. 파푸아 뉴기니는 나에게 익숙한 곳이다. 쿠투부(kutube)라고 하는 양질의 원유가 생산되는 곳인데, 내가 SK이노베이션에 재직할 당시 현물 시장에서 수차례 구매를 했던 유종이었다.

파푸아 뉴기니에서 새로 가스전을 발견했다는 이 회사의 이름은 '헬리아텍'이었고, 그해에 코스피와 코스닥을 통틀어 가장 높은 주가 상승률을 기록한 회사이기도 했고, 그 이후 대대적으로 불어온 해외 자원개발주 광풍의 시작이기도 했다.

이같이 내가 우연히 다른 투자자들보다 먼저 정보를 획득했다고 하자. 만약 헬리아텍이 파푸아 뉴기니에서 가스전을 발견한 것이 사실이고, 그 가스전을 성공적으로 개발한다면 그 회사의 가치는 수조 원에 이를 것이다. 그러면 가진 돈을 다 털어서 주식을 사야 할 것이다. 그런데, 이 정보가 꼭 사실이라는 보장은 없다. 헬리아텍의 사장은 내가 과거 SK이노베이션에서 원유 트레이딩 관련 일을 한 사실을 알기 때문에 관련 업체를 소개받기 위해 과장된 이야기를 했을 수도 있다. 그러면 나는 이 회사의 주식을 사야 할까? 만약 주식을 산다면 얼마나 사야 할까? 이에 관한 연구를 한 사람이 존 켈리(John Kelly)다.

켈리의 기준

벨 연구소에서 근무하던 물리학자 존 켈리는 내부 정보를 이용한 내기를 할 경우 얼마를 걸어야 할지에 대해 곰곰이 생각했다. 만약 가진 돈을 전부 다 걸었는데 그 정보가 틀리다면 파산을 할 수도 있고, 소액만 건다면 모처럼 온 기회를 놓칠 수 있기 때문이다. 수익을 최대화할 수 있는 금액은 얼마인가?

켈리는 '소음이 없는' 전화를 이용해 남들보다 먼저 야구 경기의 승부 결과를 알 수 있다고 가정했다. 만약 그 정보가 100% 확실하다면 이 사람은 가진 전 재산을 다 걸어야 할 것이다. 그래야 수익이 극대화될 것이다. 이번에는 '소음이 있는' 전화를 생각해보자. 전화를 받을 때마다 주위에서 들려오는 큰 소음 때문에 정보를 정확하게 들을 수가 없다. 그래서 정보가 맞을 수도 있고, 틀릴 수도 있다. 만약 정보가 맞을 확률이 p이고 틀릴 확률이 q라면, 그는 얼마를 걸어야 수익을 극대화할 수 있을까? 그는 다음과 같은 기준을 찾아냈다.

$$f^* = \frac{bp-q}{b} = \frac{p(b+1)-1}{b}$$

f*: 배팅금액의 비중
b는 배당률
p는 승리확률
q는 패배확률

만약 배당률이 1이고 승리확률이 51%라면 다음과 같다.

$$f^* = \frac{0.51 \times 2 - 1}{1} = 0.02$$

즉, 배팅금액의 비중은 가진 돈의 2%가 된다.

이 켈리의 기준을 주식에 적용해보자. A라는 회사의 주식이 있다. 이 회사는 신물질을 개발하는 회사다. 만약 신물질 개발에 성공하면 200% 이상 상승할 것이고, 개발에 실패하면 어려운 시기를 맞을 것이다. 그리고 신물질을 개발할 확률이 50%, 개발에 실패할 확률이 50%

다. 그러면 이 회사 주식을 어느 정도의 비중으로 매수해야 할까?

배당률이 200%라고 할 수 있으므로 b=2이 되고, p=0.5, q=0.5이
된다. 이를 켈리의 기준에 적용하면

$$f^* = \frac{p(b+1)-1}{b} = 0.25$$

즉, 25%의 비중으로 투자를 해야 한다.

다시 헬리아텍으로 돌아가서, 켈리의 기준을 적용해보자. 내 판단
에 의하면 회사 사장은 어느 정도 신뢰할 만한 사람이었다. 그리고 나
에게 에너지 관련 업체를 소개해달라고 부탁한 것으로 미뤄 가스전
발견은 사실일 가능성이 컸다. 하지만 100%라고 할 수는 없다. 후에
헬리아텍의 가스전 개발과 관련해 당시 산업자원부(현 산업통상자원부) 유
전개발팀장은 "헬리아텍이 투자를 검토하고 있다는 소식은 금시초문"
이라며, "가스 유전 개발은 탐사비만 4,000만 달러, LNG 투자비는
20억 달러나 들어가는 만큼 중소기업이 감당할 수 있는 투자 규모가
아니다"라고 의구심을 표한 바 있다. 그리고 설사 가스전의 발견이 사
실일지라도 파푸아 뉴기니 해상은 청정지역이다. 산호초가 군을 이루
고 있는 지역이라서 개발허가가 나지 않을 가능성도 크다. 하지만 개
발만 하면 엄청난 대박이다. 그래서 나는 배당률을 10배, 그리고 성공
확률을 40%로 놓고 켈리의 기준을 적용해봤다.

$$f^* = \frac{p(b+1)-1}{b} = 0.34$$

켈리의 기준에 의하면 나는 34%의 돈을 투자했어야 했다. 그럼 투자 결과는 어땠을까? 그건 주식을 언제 팔았는지에 따라 달라진다. 헬리아텍은 2006년에 10배 이상의 상승률을 기록했지만, 2009년에 상장 폐지되었다. 만약 그 주식을 고점에서 팔았다면 10배 이상의 수익을 올렸을 것이고, 팔지 못하고 보유했다면 원금을 다 날렸을 것이다. 이해를 돕기 위해 간단히 표로 작성을 해봤다.

자료 2-2. 배당률과 승리확률에 따른 투자금액의 비중

구분	배당률	승리확률	투자 금액의 비중
1	100%	51%	2%
2	200%	50%	25%
3	1,000%	40%	34%

켈리의 기준은 명확하다. 확률상 우위가 있을 때는 과감하게 투자하고, 우위가 없을 때는 투자하지 말라는 것이 핵심이다. 이는 집중 투자와도 일맥상통한다. 확신하는 종목에 과감하게 투자하라는 것이다. 집중 투자는 주식 시장에서 성공하기 위해 지켜야 하는 중요한 원칙이라는 나의 생각과 일치한다.

분산 투자가 모순인 이유

분산 투자가 논리적 모순인 이유

　모두들 분산 투자가 주식 투자의 정석이라고 생각한다. 주식의 전문가라는 분들도 모두 다 분산 투자를 강조한다. 한정된 몇몇 종목에 집중 투자를 할 경우 리스크가 너무 크다는 것이다. "달걀은 한 바구니에 담지 말라"는 제임스 토빈(James Tobin) 예일대 교수의 말이 반박할 수 없는 진리처럼 여겨진다. 분산 투자를 해야 한다는 논리는 언뜻 보면 옳은 것 같지만, 바구니가 부실하다거나 또는 너무 많은 바구니에 달걀을 담다 보면 모든 바구니를 관리하기가 어렵다는 사실에 대해서는 깊이 생각하지 않는 듯하다.

　어떤 회사에 투자할 때는 그 회사에 대해 잘 알아야 한다. 이 말에 동의하지 않는 투자자는 단 1명도 없을 것이다. 어떤 회사에 대한 충분한 지식 없이 그 회사의 주식을 보유하는 것은 분산 투자를 하지 않는 것보다 훨씬 위험하다는 사실도 투자자들은 모두 동의할 것이다. 따라서 투자를 하려면 그 회사에 대해 잘 알아야 한다는 명제가 '참

(眞)'이라는 전제하에 이야기를 시작해보겠다.

어떤 회사에 대해 잘 알기 위해서는 그 회사에 관해 공부해야 한다. 예를 들어, 자동차 제조사의 투자에 관심이 있다고 해보자. 하드웨어 측면에서 자율주행차와 전기차에 대해 알아야 한다. 또 전기차의 핵심 부품인 배터리에 대해서도 알아야 한다. 그리고 향후 자동차 산업의 핵심 트렌드가 될 MaaS(Mobility as a Service)에 대해서도 알아야 하고, 그러다 보면 구글이나 네이버, 카카오 등과 같은 플랫폼 기업과 자동차 제조사와의 관계, 우버나 리프트와 같은 차량공유 업체와의 협업 관계에 대해서도 알아야 한다. 이 정도는 자동차 회사에 투자하기 위해서 알아야 하는 기본적인 수준이다. 이를 알아보기 위해 증권사 애널리스트의 보고서를 찾아보고, 인터넷에서 자료를 찾아보며, 단행본이라도 한 권 읽으려면 한 달은 족히 길릴 것이다. 그나마 자동차는 공부하기가 수월한 분야. 바이오 같은 분야는 더 많은 시간과 노력이 필요하다. 2021년 JP모건 헬스케어 콘퍼런스에서 가장 주목을 받았던 분야는 '면역관문억제제' 관련 분야였다. 항암제의 미래는 '면역관문억제제'라고 참가자들이 생각한 것이다. 그래서 이 분야에 관해 공부한다고 하자. 우선 면역에 대해 알아야 하고, 면역을 이해하기 위해서는 B세포와 T세포, 그리고 NK세포에 대해 이해를 해야 한다. 특히 왜 T세포가 암세포 앞에서는 활성화되지 않는지도 알아야 하고, 암세포가 CTLA-4나 PD-L1 등의 면역반응을 하향조정 또는 억제한다는 논리를 이해해야 한다. 그래야만 비로소 면역관문억제제라는 약이 CTLA-4 등을 차단해서 T세포를 활성화한다는 원리를 이해하게 되는 것이다. 바이오 관련 회사를 이해하려면 자동차보다 훨씬 더 많은 공부가 필요하고, 따라서 훨씬 더 많은 시간이 필요하다. 최악인 경우는 이렇게 '면역관문억제제'에 대해 열심히 공부했는데, 정작 투자할 만하다고 생각하는 회사가 없는 경우다. 그러면 한 달을 공부하고도 소득이 없는 셈이기 때문이다. 물론 공부를 한 지식은 그대로 자신의 두뇌에 축적되어 남겠지만, 투자 측면에서 그렇다는 것이다. 이렇게까지는 않더라도, 통상적인 급여 생활자가 기업 분석을 위해 하루에 낼 수 있는 시간은 고작 2시간 정도일 것이다. 그러면 아마도 일주일에 두 종목을 공부하기도 벅찰 것이다.

필립 피셔(Philip Fisher)는 《위대한 기업에 투자하라》에서 '조사할지 여부를 고려하는 기업' 중에서 투자로 연결되는 기업은 250개 중 1개이고, '실제 조사를 하는 기업' 중에서 투자로 연결되는 기업은 40~50개 기업당 하나라고 했다. 필립 피셔 정도는 아니라고 할지라도 내 경험상 최소한 5개 기업 정도는 공부해야 그중에서 1개를 찾을 수 있다. 즉, 공부한 기업 중 투자를 결심할 만큼 좋은 기업을 만날 확률이 20%라고 해보자. 다섯 종목을 분석하면 그중에서 마음에 드는 종목을 1개 발굴한다는 것이다. 한 종목을 공부하는 데 6시간이 필요하고, 매일 2시간씩 시간을 낸다면, 한 종목을 공부하는 데 3일이 걸린다. 그러면 5종목이면 15일이 걸린다. 즉, 15일 만에 1종목을 발굴할 수 있다는 계산이 나온다. 그렇다면 10종목을 발굴하려면 최소 5개월이 걸린다. 하지만 실제로는 5개월이 훨씬 더 걸린다. 왜냐하면, 일단 발굴한 종목을 포트폴리오에 담았다면 그 회사의 현안을 팔로우업(follow-up)하는 데도 상당한 시간이 필요하기 때문이다. 즉, 본업도 하면서, 포트폴리오에 담겨 있는 종목의 현안도 파악하고, 그리고 분산 투자를 위해 새로운 종목을 발굴해 항상 10여 종목 이상을 포트폴리오에 담아두는 것 자체가 시간상 불가능하다는 것이다. 결국, 전업이 아닌 개인 투자자가 분산 투자를 하기 위해서는 공부가 덜 된 상태에서 투자하거나 보유종목의 현안 파악에 소홀할 수밖에 없다는 결론이다. 이것은 좋지 않은 투자 방법이다.

'더퍼블릭자산운용'의 김현준 대표가 한 말이 기억에 남는다. 그는 회사의 펀드 매니저들은 1인당 3종목 이상을 담당하지 않는다고 하면서, 종목의 수가 줄어들수록 한 기업에 쏟을 수 있는 시간과 노력이 늘어나고, 그렇게 될수록 수익률은 정비례한다고 했다. 결국, 종목의 수가 줄어들수록 계좌의 수익률이 올라갈 것이고, 그렇지 않은 사람들, 즉 분산 투자를 하는 사람들의 수익률이 올라가는 일은 절대 없을 것이라고 했다. 전문 투자자인 자산운용사의 펀드 매니저도 3종목만 집중해서 공부하는데, 전문성도 부족하고 시간도 부족한 개인 투자자가 10종목씩 투자해서 어떻게 3종목만 연구히는 펀드 매니저를 이길 수 있겠느냐고 했다. 개인 투자자들은 분산 투자를 해야 한다고 주장하는 사람들이 이에 대해 어떤 말을 할지 궁금하다.

노르웨이 국부펀드

내가 SK이노베이션에서 원유 트레이딩 업무를 하던 1990년대에 북유럽의 노르웨이는 세계 3위의 산유국이었다. 그 당시 북해에서 생산되는 원유의 양이 어마어마했다. '에코피스크(Ekofisk)'라는 북해산 노르웨이 원유가 있는데, 이 유종은 나와도 인연이 있다. 그 당시 우리나라에서 북해산 원유를 수입하는 것은 거의 불가능했다. 중동산 원유보다 운임이 2배나 비쌌고, 가격이 브렌트 원유 연동이어서, 두바이 원유 연동을 선호하는 우리나라 실정에 맞지 않았기 때문이다. 하지만, 어떻게 하다 보니 SK이노베이션에서 노르웨이산 원유를 수입하게 되었다. 노르웨이는 굉장히 부자 나라인데 세율도 높고 물가도 비싸다. 내가 경험했던 나라 중에서 노르웨이의 체감물가가 최악이었던 것 같다.

나는 영국 런던에서 잠시 일을 한 적이 있었다. 그때 같이 일했던 영국인 친구가 노르웨이의 물가에 대해 혀를 차면서 자신의 경험을 털어놨었다. 노르웨이로 출장을 가면서 면도할 때 사용하는 거품을 깜빡 잊고 챙기지 못했다. 그래서 노르웨이의 슈퍼마켓에서 면도용 거품을 사고 현금을 캐시어(cashier)한테 냈는데, 그 친구나 캐시어나 둘 다 서로를 한참 동안 쳐다만 보고 있었다고 한다. 왜냐하면, 내 친구는 영국의 물가로 판단했을 때 아주 충분한 현금을 냈다고 생각해서 거스름돈을 기다리고 있었고, 반대로 캐시어는 손님이 물건값을 덜 냈기 때문에 모자라는 금액을 추가로 낼 때까지 기다리고 있었다는 것이다. 런던에 가본 분들은 런던의 물가가 얼마나 비싼지 체감했을 것이다. 그런데 런던 사람이 혀를 내두를 정도였으니, 노르웨이의 물가 수준을 짐작할 수 있다.

사실 노르웨이는 세계 3위의 산유국이었기 때문에, 중동의 국가들과 같이 세금을 낮추거나 없앨 여력은 충분했다. 이를 두고 의회에서도 논쟁이 뜨거웠다. 넘쳐나는 돈으로 국가나 국민의 현재를 위해 지출할 것인지, 아니면 후대를 위해 유보할 것인지를 두고 갑론을박을 벌였다. 결론은 지금 당장의 편의보다는 후대를 위해 석유로 벌어들이는 돈을 남겨놓자는 것이었다. 세계 최대이자, 최고 연기금으로 유명한 노르웨이 국부펀드(GPFG)는 이렇게 생겨났다. 그런 이유로 '오일펀드(Oil Fund)'라고 불리기도 한다. 즉, 연기금의 성격이 있긴 하지만,

석유에서 벌어들이는 자금으로 투자한다는 것이 특징이다. 공식명칭이 '노르웨이 정부연기금'인데, 자산 1,500조 원이 넘는 최대 규모의 국부펀드다.

자료 2-3. 노르웨이 국부펀드 홈페이지

How the fund is invested

9,123
Companies

The fund has a small stake in more than 9,000 companies worldwide, including the likes of Apple, Nestlé, Microsoft and Samsung. On average, the fund holds 1.4 percent of all of the world's listed companies.

→ More about how we invest

73
Countries

The Norwegian oil fund is one of the world's largest funds. Investments are spread across most markets, countries and currencies to achieve broad exposure to global growth and value creation, and ensure good risk diversification.

4
Investment areas

Most of the fund is invested in equities, which are ownership interests in companies. Another part is invested in bonds, which are a type of loan to governments and companies, and a final slice is invested in real estate and infrastructure for renewable energy.

출처 : www.nbim.no

2021년 10월 기준, 노르웨이 국부펀드는 9,123개의 기업에 투자하고 있는데, 애플, 네슬레, 마이크로소프트, 삼성을 포함해 9,000개 이상의 기업에 투자하고 있다고 홈페이지에서 명시하고 있다. 삼성이라는 이름이 대표기업으로 등장하니 뿌듯하다. 전 세계 73개국에 투자하고 있으며, 투자 분야는 4개다. 주식과 채권, 그리고 부동산과 재생에너지의 설비 분야다. 노르웨이 국부펀드는 특히 해외 주식에 70%를 투자하는데, 철저히 집중 투자를 하는 것으로 알려져 있다. 즉, 한 펀드 매니저가 3개 이상의 종목에 투자하지 못하도록 하는 것이다. 과거의 데이터로 볼 때 그렇게 했을 때 투자 성과가 가장 좋았기 때문이다. 분산 투자보다는 집중 투자, 이것이 세계 최고의 국부펀드가 채택하는 법칙이다.

집중 투자의 대가들

존 메이너드 케인스

존 메이너드 케인스(John Maynard Keynes)는 데이비드 리카도에 이어 돈을 가장 많이 번 경제학자로 알려져 있다. 또한, 주식 투자를 통해 상당한 돈을 벌었다. 그런데 케인스가 주식 투자를 미인대회에 빗댄 일화가 너무 유명해서, 케인스의 주식 투자라고 하면 미인대회의 비유를 떠올리는 사람들이 많다.

"100점의 인물 사진 중에 가장 아름다운 얼굴 6명을 가려야 하는 신문사 주최의 한 대회가 있다고 하자. 수상은 대회 참가자 전원이 평균적으로 선호하는 얼굴에 가장 부합하거나 근접하는 사진 작품을 선택한 사람에게 수여된다. 이때 재미있는 현상이 벌어진다. 각각의 경쟁자는 자신이 가장 아름답다고 생각하는 사진을 고르기보다는 그가 생각하기에 다른 경쟁자들이 가장 선호할 것 같은 사진을 선택한다. 따라서 사실상 모든 참가자들이 같은 관점에서 같은 문제에 접근하게 된다."

이 말은 주식 시장에서 돈을 벌 방법은 최고의 기업 분석가가 되는 것이 아니라, 떠돌아다니는 소문을 제대로 간파해낼 수 있는 사람이 되는 것이라는 의미다. 그래서 사람들은 케인스가 미인대회의 비유에서 밝힌 전략, 즉 그때그때 유행하는 종목을 사서 돈을 벌었을 것으로 생각한다. 하지만 사실은 그렇지 않다. 케인스가 미인대회와 같은 방식으로 주식 투자를 하다가 파산했다는 사실을 사람들은 잘 모른다. 뭔가 깨달은 바가 있었던지, 케인스는 파산 후 핵심 소수 종목에 집중 투자해서 장기간 보유하는 전략으로 전환했다. 전략을 수정한 이후 주식 투자에 성공한 케인스는 '잘 아는 주식에 집중 투자하는 대신 안전성 때문에 여러 종목으로 분산 투자하는 것은 굉장히 웃긴 투자 전략'이라고 분산 투자를 비판했다. 다음은 1934년 케인스가 그의 동료에게 보낸 편지의 일부분이다.

"아무것도 모르고 특별한 자신감도 없을 때 투자하는 기업체 수를 늘림으로써 위험부담을 줄일 수 있다고 생각하는 건 잘못이라네 … 사람의 지식과 경험이란 한계가 있기 마련이고, 언제라도 내가 내 자신감의 전부를 쏟아부을 수 있는 기업은 기껏해야 서너 개를 넘지 않는다네."

아마도 케인스를 최초로 집중 투자자라고 해도 큰 무리는 없을 것이다. 케인스의 성공전략은 집중 투자였다.

필립 피셔

워런 버핏(Warren Buffett)의 사고방식에 가장 큰 영향을 준 인물이 필립 피셔다. 워런 버핏은 필립 피셔의 대표작인 《위대한 기업에 투자하라》와 《보수적인 투자자는 마음이 편하다》를 읽고 경탄을 했다고 밝혔다. 필립 피셔의 대표작인 《위대한 기업에 투자하라》를 펼치면 맨먼저 '내가 이 책에서 배운 것'이라는 글이 보인다. 필립 피셔의 아들인 켄 피셔(Kenneth Fisher)가 쓴 글이다. 이 글에서 켄 피셔는 다음과 같은 말을 한다.

"제9장 '투자자들이 저지르지 말아야 할 다섯 가지 잘못—추가' 중처음에 나오는 '과도한 분산 투자를 삼가라'는 이야기를 읽어 보면, 다름 아닌 '버피티즘(Buffettism)'으로 일컬어지는 워런 버핏의 투자 철학 가운데서도 핵심이 바로 이것이라는 사실을 금방 알 수 있을 것이다."

필립 피셔는 집중 투자로 유명하다. 그는 자신이 잘 아는 소수의 우수기업에 투자하는 것이, 잘 모르는 다수의 기업에 투자하는 것보다 훨씬 낫다고 생각했다. 피셔는 통상 자신의 포트폴리오를 10개 기업 이하로 제한하고, 그중 3~4개 기업에 75%를 투자했다.

워런 버핏

워런 버핏 역시 집중 투자를 하는 것으로 잘 알려져 있다. 2021년 6월 30일 기준, 버크셔 해서웨이의 포트폴리오를 보자. 애플이 41.47%, 뱅크 오브 아메리카 14.21%, 아메리칸 익스프레스 8.55%, 코카콜라 7.39%, 크래프트 하인즈 4.53%로 상위 5개 종목이 76.15%를 차지하고 있다. 우리는 투자금이 1억 원만 넘어도 10개가 넘는 종목에 분산 투자를 하는 경우가 허다하다. 그런데 워런 버핏은 수백 조 규모의 자산을 운용하면서 5개 종목에 무려 75% 이상을 투자하는 것이다. 엄청난 집중 투자다.

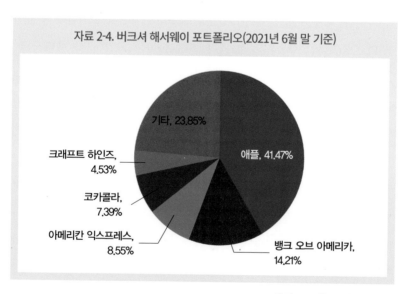

자료 2-4. 버크셔 해서웨이 포트폴리오(2021년 6월 말 기준)

출처 : http://hedgefollow.com

워런 버핏은 "위험이 아주 작고 이익 창출 가능성이 가장 큰, 자신이 가장 잘 아는 종목에 집중 투자를 해야 한다"면서 집중 투자의 필요성을 강조했다. 1991년에 그는 "함께 사는 아내가 40명이라고 생각해보자. 그들 중 어느 누구에 대해서도 제대로 알지 못할 것이다"라고 말했고, 1996년에는 "분산 투자는 무지에 대한 보호책일 뿐이다"라고 말했다. 또한, 분산 투자를 할 바에는 그 돈을 개나 갖다 주라고 하면서, "능력 없는 펀드 매니저들이나 책임 회피형 운용사들이 흔하게 강조하는 것이 분산 투자다"라는 말도 했다. 실제로 그는 투자 종목은 5개 정도가 적당하다고 했는데, 여기서 5종목이라 함은 자금의 규모가 일정 수준 이상인 투자자를 의미하기 때문에, 우리 같은 소액 투자자는 종목 수를 더 줄여야 한다.

워런 버핏의 오랜 파트너인 찰스 멍거(Charles Munger)도 역시 집중 투자를 추구한다. "나는 파산 위험이 낮으면서 초과수익 확률이 높은 종목은 셋 정도만 발굴할 수 있다고 가정한다"는 찰스 멍거의 말에서 알 수 있듯이 그는 최대 3개 정도의 종목에 집중 투자를 했다. 멍거가 극소수 종목을 보유하는 근거는 매우 논리적이다. 주식의 가격은 대체로 적절한 수준이기 때문에, 수십 개의 종목을 보유하면서 초과수익을 보기가 어렵다는 것이다.

"내가 모든 종목에 대해 다른 모든 사람보다 크게 우위를 차지할 수는 없습니다. 다시 말해서, 열심히 노력하면 내가 크게 우위를 차지할 종목을 몇 개는 찾아낼 것입니다. 나는 당연히 기회비용도 생각합니다. 일단 A, B, C 세 종목을 보유한다면 다른 종목은 사지 않습니다."

4

목표 주가보다
실제 주가가 낮은 이유

증권사의 애널리스트들은 주기적으로 기업을 분석하고 적정 주가를 제시한다. 그런데 실제 주가는 증권사에서 제시한 적정 주가에 미치지 못하는 경우가 대부분이다. 왜 그럴까? 왜 실제 주가는 적정 주가보다 항상 낮을까? 물론 이유는 다양하다. 애널리스트들의 평가가 실제 기업가치보다 뻥튀기되어 있을 수도 있다. 아니면 평가 방법이 잘못되었을 수도 있다. 그 외에도 수많은 이유가 있으므로 단지 몇 개로 한정해서 말할 수 없다는 것을 안다. 하지만 부실한 상법도 굉장히 중요한 원인인데, 이것이 바로 내가 여기서 말하려는 것이다. 상법의 개정 없이는 주가의 디스카운트를 해결하기 어렵다는 것이다.

통상적으로 증권사 애널리스트들이 기업가치를 분석할 때는 SOTP(Sum of The Parts) 방식을 사용한다. SOTP는 다양한 사업별 가치를 평가해 합산하는 기업가치 분석방식이다. 네이버를 예로 들어보자. 네이버는 다양한 사업을 하고 있다. 고유한 사업영역인 검색엔진이 있고, 웹툰, 이커머스, 페이 등의 사업이 있고, 일본 자회사의 지분도 가지고 있다. 그 외에도 많은 자산을 보유하고 있다. SOTP방식은 이러한 각각의 사업과 자산에 대한 가치를 평가해, 산출된 각각의 가치를 더함으로써 회사의 총가치를 계산하는 방법이다. 하지만 이렇게 산출된 회사의 가치는 실제 주식 시장에서 거래되는 가치와 동떨어진 경우가 대부분이다.

롯데그룹의 한샘 경영권 인수

사모펀드인 IMM PE(IMM 프라이빗 에쿼티)가 국내 1위 가구 및 인테리어 업체인 한샘의 경영권을 인수했다. 형식적으로는 IMM PE가 인수자로 나섰지만, 롯데그룹이 전략적 투자자로 참여한 점으로 미뤄, 향후 한샘의 경영권은 롯데그룹으로 넘어갈 것으로 보인다. IMM PE의 한샘 인수가 마무리된 시점은 2021년 10월 말이다. 본래 IMM PE는 조창걸 한샘 회장 측 지분을 경영권 프리미엄을 감안해 주당 23만 5,000원에 인수하기로 결정하고, 동시에 가격 조정 폭을 7.5%로 설정해놓았다. 즉, 주당 7.5% 낮은 주당 21만 7,500원 수준까지 협상을 할 수 있도록 한 것이다. 최종 협상 결과 IMM PE는 조 회장 및 특수관계인 7인의 지분 37.8%를 1조 4,513억 원에 인수하기로 최종 합의했고, 10월 29일에 공시를 완료했다. 2021년 10월 29일, 한샘의 시가총액은 약 2조 4,000억 원이다. 그런데 회장 및 특수관계인 7인의 지분 가치가 1조 4,513억 원이면, 나머지 62.2%의 지분가치는 약 9,500억 원에 불과하다. 즉, 최대 주주 및 특수관계인이 소유하는 주식 1주와 개인 투자자가 소유하는 주식 1주의 가치는 다르다는 것이다. 한샘의 지배주주가 소유하는 주식의 가치는 일반 투자자가 소유하는 주식에 비해 2.5배의 가치가 있다. 따라서 증권사 애널리스트들이 분석하는 적정 주가와 주식 시장에서 거래되는 주가에는 차이가 생길 수밖에 없는 것이다.

다시 설명해보자. 증권사 애널리스트들은 SOTP방식으로 계산한 회사의 가치를 총발행 주식 수로 나눠서 목표 주가를 산정한다. 애널리스트들이 산출한 한샘의 가치가 3조 원이라고 가정해보자. 현재 한샘의 총발행 주식 수는 23,533,928주다. 그러면 증권사 애널리스트들은 한샘의 목표 주가를 127,500원으로 제시한다. 1주의 가치는 모두 다 동일하다고 가정한 것이다. 하지만 한샘의 경우에는 최대 주주가 소유하는 주식의 가치가 개인 투자자들이 보유하고 있는 주식보다 2.5배 더 가치가 있다고 했다. 따라서 경영권 프리미엄을 반영해 계산하면 개인 투자자들이 주식 시장에서 사고파는 주식의 목표 주가는 주당 127,500원이 아니고 주당 81,350원이 되는 것이다.

그러면 왜 이렇게 높은 경영권 프리미엄이 반영되는 것일까? 그것은 경영권을 가지면 편법을 동원해서 여러 가지 사익을 추구할 기회가 많기 때문이다. 회사의 가치는 일정한데, 경영권을 가진 지배주주가 사익을 추구하며 편법 경영한다는 것은 소액주주들이 그만큼 손해를 본다는 것과 일맥상통한다. 개인 투자자들이 손해를 보는 대표적인 사례 두 가지를 보자.

배터리 회사들의 물적 분할

LG화학과 SK이노베이션 등 배터리 회사들이 물적 분할을 발표해 소액주주들을 분노하게 만들었다. 두 회사의 소액 주주들은 대부분 배터리의 성장성을 보고 투자를 한 것인데, 배터리 부문의 수익성이 개선되자마자 물적 분할을 하겠다고 나서니 회사에 대한 배신감이 드는 것은 당연하다. 나는 LG화학이 물적 분할을 결정하자마자 유튜브 영상을 통해 이의 부당함을 설명했었고, 거대정당에 이의 부당함을 알리고 상법의 개정을 요구하는 제안서를 보내기도 했다. 그런데 정말로 황당했던 것은 증권사 애널리스트들의 대응이었다. 물적 분할을 해도 LG화학의 본질적 가치는 변함이 없는데, 뭐가 잘못이냐는 것이 그들의 초기 반응이었다. 오히려 LG화학의 목표가를 올리기까지 하는 증권사도 있었다.

분할에는 물적 분할과 인적 분할이 있다. 그러면 왜 배터리 회사들은 물적 분할만 고집할까? 그 이유는 지배주주 일가에 이익이 되기 때문이다. 그 외에 다른 이유는 없다. 물적 분할과 인적 분할에 대해 간단히 설명하자면, 인적 분할은 기존 주주들에게 분할된 회사의 지분을 비율대로 공평하게 나눠주는 것이다. 어떤 투자자가 LG화학의 주식을 10% 소유하고 있다면, 이 투자자는 LG화학이 인적 분할을 해서 만들어진 2개 회사의 주식을 모두 다 10%씩 갖게 된다. 하지만 물적 분할을 한다면 이 투자자는 LG화학의 주식만 10%를 소유하게 되고, LG화학에서 물적 분할된 LG에너지솔루션의 주식은 한 주도 갖지 못한다. LG에너지솔루션의 주식은 모두 LG화학이 소유하게 된다.

LG화학의 물적 분할 이슈가 터졌을 때, 주식 전문가라는 분들이 방송에서 '회사가 성장하기 위해서는 물적 분할이 반드시 필요하다'느니 '회사의 가치는 동일하다'느니 하는 이야기를 많이 했는데, 참으로 실망스러운 변명이었다. SK이노베이션의 물적 분할 이슈가 또다시 불거졌을 때 한 언론매체에서는 물적 분할이 필요한 이유 네 가지를 제시했는데, 애널리스트들이 방송에서 통상적으로 주장하는 바와 일맥 상통한다.

첫째, 물적 분할을 하면 자금조달이 수월해지고, 성장성이 커지기 때문에 장기적으로는 호재라는 논리다. 이 논리를 따르자면 물적 분할은 자금조달이 쉽고, 인적 분할은 자금조달이 어렵다는 것이다. 하지만 물적 분할이나 인적 분할이나 자금조달의 여건은 똑같다. 물적 분할이든, 인적 분할이든 어떻게 분할을 했느냐의 차이일 뿐 회사의 가치는 동일하기 때문이다. 물적 분할을 해서 탄생한 기업이나 인적 분할을 해서 탄생한 기업이나 그 회사의 가치는 동일하다는 것이다. 다음과 같이 이해하면 될 것이다. 건물이 한 채가 있다. 이 건물의 소유권을 아버지와 어머니, 그리고 자녀들이 공동으로 소유할 수도 있고, 아니면 아들이 전부 물려받아 소유할 수도 있다. 그러면 그 건물을 누가 소유하느냐의 차이일 뿐, 그 건물의 가치는 동일하다. 누군가가 이 건물을 매입한다고 하자. 이 건물을 아들이 소유하면 가치를 더 높게 쳐주고, 아버지와 어머니, 자녀가 공동으로 소유하면 가치를 더 낮게 쳐주는 것은 아니다. 이 건물의 가치는 매수인의 입장에서는 동일하다. 따라서 LG에너지솔루션의 증자에 참여하는 투자자 입장에서는, 인적 분할을 해서 탄생한 회사이든, 물적 분할을 해서 탄생한 회사이든 관계없이, 그 회사가 투자할 만한 가치가 있으면 투자를 하는 것이다.

둘째, 물적 분할이 궁극적으로 기업가치 상승으로 이어지는 만큼 주가 하락은 단기적이라는 게 시장의 지배적 의견이라는 것이다. 하지만 지주사의 가치가 할인된다는 것은 누구나 다 아는 사실이다. 그래서 지주사화 된 회사의 주식을 가지고 있는 것보다는 인적 분할되어 생겨난 2개 회사의 주식을 다 가지고 있는 것이 유리하다.

셋째, 물적 분할 이후 상장을 통한 자금 조달로 배터리 사업 및 신사업을 키울 수 있다면, 모회사와 자회사 모두에게 '윈윈'이라는 것이다. 이 기사는 물적 분할을 하면 자금조달이 쉽고 인적 분할을 하면 자금조달이 어렵다는 뉘앙스인데, 이는 사실이 아니다. 그리고 물적 분할보다 인적 분할을 하면 오히려 모회사의 주주에게는 훨씬 이익이다. 건물이 한 채가 있다고 하자. 내가 이 건물을 소유하는 게 나한테 더 이익일까? 아니면 내 자녀가 이 건물을 소유하는 게 나한테 더 이익일까? 당연히 내가 직접 건물을 소유하는 게 더 이익이다. 내가 건물을 소유하면 건물로부터 나오는 월세를 내가 직접 받아서 사용할 수도 있고, 원할 때 건물을 처분할 수도 있지만, 내 자녀가 건물을 소유하면 건물로부터 나오는 월세는 자녀가 받을 것이고, 그 돈을 부모인 나에게 줄 것인지는 자녀의 결정에 달려 있다. 또 소유권이 자녀에게 있으면 내가 건물을 팔고 싶어도 자녀의 동의 없이는 팔 수가 없다. 기업도 마찬가지다. 인적 분할을 할 경우 개인 투자자들이 LG에너지솔루션 주식을 직접 소유하게 된다. 그러면 내가 이 주식을 언제든 팔아서 현금화할 수 있다. 하지만 물적 분할을 하면 개인 투자자들은 LG에너지솔루션의 주식을 LG화학을 통해서 간접적으로 소유하게 된다. 그러면 내가 LG에너지 솔루션의 주식을 팔고 싶어도 팔 수가 없다. 결국 모회사 주주에게는 자회사 주식이 그림의 떡이다. 모회사 주주에게는 물적 분할보다는 인적 분할이 더 매력적이라고 할 수 있다.

넷째, 배터리사는 당장 투자를 많이 해서 시장을 선점하는 것이 중요하므로, EBITDA가 나오는 3~4년 후에 인적 분할을 할 수도 있겠지만 그때는 너무 늦다는 논리를 편다. 그러니까 내가 주장하는 바는 3~4년 후에 인적 분할을 하지 말고, 지금 당장 인적 분할을 해서 투자 유치를 빨리 하고 시장을 선점하라는 것이다.

배터리 기업들이 인적 분할을 하지 않고 물적 분할을 하는 이유는 간단하다. 개인 투자자들의 이익을 희생해서라도 대주주 일가의 이익을 챙기기 위해서다. LG화학의 예를 들어보자. ㈜LG는 LG화학의 지분을 약 33% 보유하고 있다. 만약 인적 분할을 하면, ㈜LG는 LG화학과 LG에너지솔루션의 지분을 모두 33%씩 소유하게 된다. 만약 LG에너지솔루션이 자금조달을 위해 증자를 하게 되면, ㈜LG의 지분율이 30% 이하로 떨어지게 된다. 그러면 LG에너지솔루션에 대한 지배력을 잃게 되므로, 하는 수 없이 자신들도 유상증자에 참여해야 한다. 그러면서도 지분율은 높지 않다. 돈은 돈대로 들어가고 지분율은 지분율대로 높지 않게 된다.

반대로 물적 분할을 하면, LG에너지솔루션의 지분을 LG화학이 100% 소유하게 된다. 공모하거나 증자를 해 지분이 희석되어도 70% 수준은 유지하게 된다. 돈을 한 푼도 들이지 않으면서 확고한 지배력을 유지할 수 있다. 대신에 그 피해는 소액주주들에게 고스란히 돌아간다. 결국, LG그룹은 지배주주의 이익을 위해 물적 분할을 한다는 것이 핵심이고, 그 외 잡다한 주장들은 모두 핵심이 아니다.

인적 분할은 항상 좋은가?

그렇다면 물적 분할은 항상 나쁘고, 인적 분할은 항상 좋은가? 물론 그런 것은 아니다. 해태제과의 신정훈 대표는 실적 부진을 타개하기 위해 적자를 보던 아이스크림 부문을 물적 분할해 자회사를 설립한 후, 빙그레에 매각했다. 매각대금은 1,400억 원이다. 해태제과는 이를 재무구조를 개선하는 데 사용했고, 그래서 해태제과는 2021년 상반기 주요 식품 업체 중 유일하게 한국기업평가 신용등급이 오른 회사가 되었다. 한국기업평가는 해태제과가 발행하는 무보증사채의 신용등급을 기존 A-에서 A로 한 단계 올렸다. 이는 물적 분할이 모회사 주주에게 긍정적인 영향을 끼친 사례다.

반대로 인적 분할이 잘못 사용되는 경우를 보자. 현대차그룹은 자료 2-5에서 보는 것과 같이 순환출자의 형태에 의한 지배구조다. 즉, 현대모비스가 현대차를 지배하고, 현대차가 기아차를 지배한다. 결국, 현대차그룹을 지배하려면 현대모비스를 장악해야 한다. 하지만 정의선 회장은 현대모비스 주식이 0.3%밖에 없다. 사실상 없다고 할 수 있는 수준이다. 그래서 현대차그룹에서는 현대글로비스와 현대모비스의 합병을 추진했다. 정의선 회장은 현대글로비스 지분 23.29%를 보유하

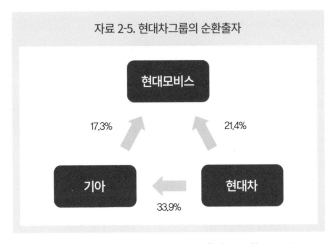

자료 2-5. 현대차그룹의 순환출자

출처 : http://hedgefollow.com

고 있다. 정 회장이 현대글로비스의 주식을 많이 보유하고 있어서 만약 현대글로비스와 현대모비스가 합병하게 된다면 현대모비스의 지배주주로 올라설 것이고, 그러면 현대차그룹을 지배할 수 있다.

그래서 현대차그룹은 2018년에 현대모비스의 AS부품과 모듈사업부를 인적 분할한 후 현대글로비스와 합병하고, 현대모비스 존속법인을 그룹 지배구조의 정점에 두는 형태의 지배구조 개편을 시도한 바 있다. 즉, 정의선 회장은 현대모비스의 AS부품 및 모듈사업부와 현대글로비스가 합병한 법인의 주식을 처분하고, 현대차의 지배권을 가지는 현대모비스의 존속법인 지분을 확보함으로써 현대자동차그룹의 지배권을 확보하려고 한 것이다.

다시 설명을 해보자. 현대모비스를 현대차 지분만 가지고 있는 지주회사와 사업회사로 인적 분할한 다음 사업회사를 현대글로비스와 합병한다. 그러면 합병으로 탄생한 회사는 현대글로비스의 사업에 현대모비스의 사업까지 합하게 되어 회사의 수익성이 좋아질 것이고 주가는 오를 것이다. 반대로 현대모비스의 존속법인은 현대차그룹의 지분만을 갖는 지주회사가 되어 주가가 하락할 것이다. 그러면 주가가 상승한 합병회사의 주식을 교환이나 매각 등의 형태로 처분해 현대모비스 존속법인의 주식을 확보해 그룹을 지배하겠다는 계획이었다. 하지만, 기관투자자들과 의결권 자문사들이 극심하게 반대해서 합병은 성사되지 못했다. 단지 지배주주의 이익만을 위한 개편이었기 때문이다.

자료 2-6. 정의선 회장의 현대차그룹 계열사의 주식 소유 현황

구분	회사명	지분율
1	현대모비스	0.3%
2	현대글로비스	23.29%
3	현대차	2.62%
4	기아차	1.74%
5	현대위아	1.95%
6	현대오토에버	1.97%

해결책 - 상법의 개정

대주주의 이익을 위해 소액주주가 희생하는 현 상황을 개선할 방법은 없을까? 그냥 기업가들의 양심에 맡겨 놔야 할까? 물론 아니다. 응급처방은 있다. 상법을 개정하는 것이다. 상법 제382조의 3항을 보자.

상법 제382조의 3(이사의 충실의무) 이사는 법령과 정관의 규정에 따라 회사를 위하여 그 직무를 충실하게 수행하여야 한다.

이사는 회사를 위해 그 직무를 충실하게 수행해야 한다고 규정할 뿐 주주에 관한 규정이 없다. 즉, 회사의 이사가 주주를 위해 그 직무를 충실하게 수행할 필요는 없다는 것이다. 따라서 상법 제382조의 3항은 다음과 같이 수정되어야 한다.

상법 제382조의 3(이사의 충실의무) 이사는 법령과 정관의 규정에 따라 회사와 주주를 위하여 그 직무를 충실하게 수행하여야 한다.

이에 더해 개인 주주들에게 심각한 피해가 발생할 가능성이 있는 경우에는 '주식매수청구권'을 행사할 수 있는 범위를 넓혀야 한다. 물적 분할이 여기에 해당한다. 상법 제374조의 2항에서는 '반대주주의 주식매수청구권'을 보장하고 있다. 이 조항을 보자.

제374조의 2(반대주주의 주식매수청구권) ① 제374조에 따른 결의사항에 반대하는 주주(의결권이 없거나 제한되는 주주를 포함한다. 이하 이 조에서 같다)는 주주총회 전에 회사에 대하여 서면으로 그 결의에 반대하는 의사를 통지한 경우에는 그 총회의 결의일부터 20일 이내에 주식의 종류와 수를 기재한 서면으로 회사에 대하여 자기가 소유하고 있는 주식의 매수를 청구할 수 있다.

② 제1항의 청구를 받으면 해당 회사는 같은 항의 매수 청구 기간(이하 이 조에서 '매수청구기간'이라 한다)이 종료하는 날부터 2개월 이내에 그 주식을 매수하여야 한다.

③ 제2항의 규정에 의한 주식의 매수가액은 주주와 회사 간의 협의에 의하여 결정한다.

④ 매수청구기간이 종료하는 날부터 30일 이내에 제3항의 규정에 의한 협의가 이루어지지 아니한 경우에는 회사 또는 주식의 매수를 청구한 주주는 법원에 대하여 매수가액의 결정을 청구할 수 있다.

⑤ 법원이 제4항의 규정에 의하여 주식의 매수가액을 결정하는 경우에는 회사의 재산상태 그 밖의 사정을 참작하여 공정한 가액으로 이를 산정하여야 한다.

앞의 상법 제374조의 2는 '제374조에 따른 결의사항에 반대하는 주주는 주식의 매수를 청구할 수 있다'라고 규정하고 있다. 그러면 다시 상법 제374조를 보자.

제374조(영업양도, 양수, 임대 등) ① 회사가 다음 각 호의 어느 하나에 해당하는 행위를 할 때에는 제434조에 따른 결의가 있어야 한다.
1. 영업의 전부 또는 중요한 일부의 양도
2. 영업 전부의 임대 또는 경영위임, 타인과 영업의 손익 전부를 같이 하는 계약, 그 밖에 이에 준하는 계약의 체결·변경 또는 해약
3. 회사의 영업에 중대한 영향을 미치는 다른 회사의 영업 전부 또는 일부의 양수
② 제1항의 행위에 관한 주주총회의 소집의 통지를 하는 때에는 제374조의 2 제1항 및 제2항의 규정에 의한 주식매수청구권의 내용 및 행사방법을 명시하여야 한다.

상법 제374조에 의하면 '물적 분할'은 '주식매수청구권' 대상이 아니다. 지배구조에 변화가 없고, 영업의 양수, 양도가 아니라는 이유에서 그렇다. 하지만 물적 분할의 경우에도 '주식매수청구권'을 보장하도록 상법이 개정되어야 한다는 것이 나의 생각이다. '주식매수청구권'은 회사나 지배주주의 일방적 결정에 맞서 소액주주들을 보호하기 위한 장치다. '물적 분할' 역시 지배주주의 이익을 극대화하기 위한 회사의 일방적 결정 때문에 소액 주주들이 피해를 보는 경우에 해당하기 때문에 '주식매수청구권'이 부여되어야 한다. 그렇게 되면, 지배주주도 함부로 물적 분할을 결정할 수 없을 것이고, 또 물적 분할을 결정한다고 할지라도 개인 투자자들이 주가가 하락하기 이전의 가격으로 주식을 매도할 수 있기 때문에 손해를 줄일 수 있다.

만약 물적 분할에 대해 주식매수청구권이 있었다면 LG화학이 물적 분할을 하지 못했을 것으로 나는 생각한다. 2014년 11월, 삼성중공업

과 삼성엔지니어링의 합병이 '주식매수청구권' 때문에 무산된 바 있다. 이사회와 주주총회에서 합병이 승인되었지만, 삼성엔지니어링의 주식매수청구 금액이 계약서상의 한도를 초과해 합병이 무산되었다. 이같이 매수청구권이 회사의 일방적 결정에 대한 소액주주들의 무기로 사용될 수 있다.

결론이다. 우리는 상법의 개정을 추진해 지배주주 일가가 개인 투자자들의 이익을 편취하는 일이 발생하지 않도록 해야 한다. 물적 분할의 문제를 해결하겠다고 마음먹었다면 여러 가지 다양한 해결책이 있다. 정치권에서 나오는 대안 중의 하나가 물적 분할 시 기존 주주에게 새로운 회사의 신주를 받을 수 있는 권리를 부여하는 것이다. 하지만 이 정도로는 부족하다고 나는 생각한다. 북한의 핵무기만이 코리아 디스카운트의 원인이 아니다. 오히려 이런 것들이 바로 진짜 코리아 디스카운트의 원인이다. 앞에서도 이야기했듯 LG화학이 물적 분할을 결정했을 때 증권사 애널리스트들이 모두 나서서 물적 분할은 악재가 아니라고 했다. 2021년 5월, 한 외국계 증권사가 '지주사 할인'을 내세워 LG화학의 목표가를 대폭 낮췄을 때도 이를 공개적으로 비난한 주식 전문가들도 있었다. 평소 물적 분할에 의한 자회사 상장에 대한 이해가 있는 투자자였다면, 이런 문제가 터졌을 때 전문가라는 사람들의 궤변에 휘둘리지 않고 자신의 소신대로 판단할 수 있다. 어떤 현상에 대한 본질적 이해가 투자에 가장 중요한 요소 중 하나임을 다시 한번 강조한다.

5

10년 동안 보유하지 않을 주식은
단 10분도 보유하지 마라?

"10년 동안 보유하지 않을 주식은 단 10분도 보유하지 마라."

다들 아시다시피 워런 버핏이 한 말이다. 사람들은 이 말이 장기 투자를 권유하는 의미라고 해석하지만, 나는 이 말을 성장주에 투자하라는 의미라고 해석한다. 왜 그렇게 생각할까?

혹시라도 내 유튜브 영상을 봤던 분들은 아시겠지만, 나는 플랫폼 기업들, 특히 네이버에 관심을 가져야 한다는 말을 2020년부터 지속해서 해왔다. 주위 사람들이 주식에 관해 물어볼 때도 나는 플랫폼 기업들을 많이 추천했다. 그러면 그분들이 나한테 묻는 질문은 항상 동일하다.

"최근에 많이 올랐는데 너무 늦은 거 아닙니까? 지금 사면 막차 아닌가요?"

그러면 나는 항상 이렇게 대답한다.

"네이버와 같은 플랫폼 기업들은 앞으로도 계속 성장할 겁니다. 그럼 지금 비싸다고 해도 언젠가는 그 가격이 저렴해질 때가 있죠. 그래서 그 주식이 더 오를지, 안 오를지는 생각할 필요가 없고, 언제 오를지 그것만 생각하면 되는 거죠."

이 말이 무슨 말이냐 하면, 지금 네이버의 가격이 만약 주당 45만 원이고, 적정 주가가 주당 40만 원이라고 하자('적정 주가'라는 게 있는지는 모르겠지만). 지금은 주가가 고평가되었다고 할 수도 있다. 하지만 네이버는 계속 성장을 하므로, 언젠가는 적정 주가가 45만 원이 되고, 또 시간이 흘러 회사가 더 성장하면 적정 주가는 50만 원이 된다. 따라서 매수를 하자마자 주가가 떨어져서 손실을 보고 있다고 할지라도 시간이 지나면 어차피 수익을 내게 된다. 그러니까 지속해서 성장하는 회사의 주식은 수익을 내느냐, 못 내느냐는 생각할 필요가 없고, 언제 수익을 내느냐의 문제만 남게 되는 것이다.

반대로 성장이 정체된 회사를 생각해보자. 만약 매수하자마자 주가가 하락했다면, 원금을 언제 회복하고 수익을 언제 낼 수 있을지가 불투명하다. 만약 미래의 전망이 불투명하다면 앞으로 오르막보다는 내리막이 더 많을 수도 있다. 그래서 성장하지 않는 회사의 주식을 샀는데, 손실 구간에 들어선다면 앞으로 영영 원금을 회복하지 못할 수도 있다.

그런 면에서 "10년 동안 보유하지 않을 주식은 단 10분도 보유하지 마라"는 말은 10년 후에 더 성장해 있을 주식을 사라는 의미이고, 다시 말하자면 장기적인 성장성이 아닌 다른 이유로 주식을 사지 말라는 것과 같은 의미다.

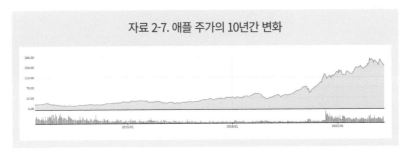

자료 2-7. 애플 주가의 10년간 변화

출처 : 네이버 금융

워런 버핏이 가장 큰 비중으로 보유하고 있는 애플 주식을 보자. 만약 10년 전에 샀다면 언제 파는 것이 가장 좋을까? 당연히 지금 파는 것이 가장 좋다. 그 이유는 지난 10년 동안 회사가 계속 성장함에 따라 주가도 지속해서 상승했기 때문이다. 그래서 나는 "10년 동안 보유하지 않을 주식은 단 10분도 보유하지 마라"는 말의 의미는 "앞으로 10년 동안 계속 성장할 회사에 투자하라"는 말과 같은 뜻이라고 생각한다.

워런 버핏은 또 자신이 투자하는 회사의 비즈니스에 대해서는 확실히 이해하고 있어야 한다는 말도 했다. 여기서 확실히 이해한다는 의미는, 투자자라면 그 비즈니스가 10년 후에 어떤 모습을 하고 있을지를 알아야 한다는 것이다. 다시 말하자면 10년 후에는 지금보다 더 성장할 회사여야 한다는 것이다. 그런 면에서 자신이 투자하는 회사의 비즈니스에 대해 이해한다는 말은 "10년 동안 보유하지 않을 주식은 단 10분도 보유하지 마라"는 말과 일맥상통한다. 그러면 10년 동안 성장할 회사를 어떻게 찾아야 할까? 회사가 10년 동안 성장하기 위해서는 그 회사가 속한 산업 자체가 10년 동안 성장하면 유리하다. 성장이 정체된 산업 내에서 10년 동안 성장할 회사를 찾는 것은 훨씬 어렵기 때문이다. 따라서 장기 성장이 가능한 회사를 찾기 위해서는 반드시 그 회사가 속한 산업에 대한 분석이 필요하다. 최근에 내가 단행본 몇 권과 자료 등을 찾아보면서 자동차 산업의 미래와 통신산업의 미래에 대해 생각을 해봤다. 그래서 10년 후 자동차 산업과 통신산업에 대한 나의 분석을 독자분들과 공유하려고 한다. 이는 내가 옳다는 것은 아니고, 나는 어떻게 분석을 해서 어떤 결론에 도달했는지 그 과정을 보여주려고 하는 것일 뿐이다. 독자분들은 나름의 방식대로 분석하면 될 것이다.

10년 후 자동차 산업 & 탑픽

자동차 제조업

자동차 제조업에 관해 거시적인 공부를 해보고 얻은 결론은 자동차 제조업은 사양산업이라는 것이다. 그래서 10년 후 자동차 제조업체들의 장래가 밝지 않다고 생각한다.

수익모델의 훼손

통상적으로는 자동차 제조사들이 신차를 판매해 얻는 수익이 회사 수익의 대부분이라고 생각한다. 하지만 실제로는 신차 판매로 얻는 수익은 전체 수익의 40%에 미치지 못한다. 나머지 60%는 판매금융, 중고차, 서비스에서 수익이 발생된다. 앞으로는 전기차가 대세라는 말을 한다. 정해진 미래라는 표현을 사용하기도 한다. 전기차는 사실상 배터리가 부품의 전부라고 할 수 있다. 내연기관차와 달리 정밀한 부품들의 수가 감소한다. 그래서 배터리를 제외하고는 전기차가 고장 날 가능성은 현저히 줄어들 것이다. 다시 말하자면, 서비스 분야의 매출이 줄어들게 된다는 것이다.

내연기관차를 수리하기 위해 AS센터에 가서 부품을 교환할 때마다 느꼈던 것인데 부품의 가격이 너무 비싸다. 자동차 회사들은 수리용으로 판매하는 부품에는 높은 마진을 붙여 판매한다. 그런데 전기차가 대세가 되면 이런 수리용 부품 시장의 규모가 매우 축소된다. 또한, 전기차는 기존 내연기관차보다 부품의 수도 절반 이하로 줄어든다. 따라서 여기서 상당한 매출의 감소가 있을 것이고, 이는 이윤의 축소로 이어질 것이다. 자동차 회사 매출의 약 20% 정도가 서비스 매출인데, 이 분야의 매출이 축소될 것이라는 생각이다.

중고차도 문제다. 전기차는 안정적인 중고차 가격을 기대하기 어려울 것이다. 중고차 가격은 배터리의 잔여 수명에 따라 결정될 것이다. 배터리는 충전 횟수나 충전 방법에 따라 성능의 노화에 큰 차이가 발생한다. 급속충전을 많이 하면 할수록 배터리의 수명은 축소된다. 조만간 상용화될 자율주행차는 숙명적으로 급속충전을 반복해야 한다. 따라서 몇 년만 지나면 배터리는 수명을 다할 것이고, 중고차는 가치가 거의 없는 수준으로 하락할 것이다. 그 결과 중고차 시장 자체가 많이 축소될 가능성이 매우 크다. 따라서 자동차 제조사 입장에서는 약 20% 비중의 중고차 시장이 축소될 가능성이 크다. 결국, 자동차 제조사 이익의 약 40%를 책임지고 있는 중고차와 서비스 분야에서 수익의 대폭 감소가 예상되므로, 전체적인 이익은 줄어들 수밖에 없다고 생각한다. 물론 중고차 시장이 축소되면 반대로 신차 시장이 확대된다는 말을 하겠지만, 꼭 그런 것은 아니다.

차량 판매 대수의 감소

사람들은 자율주행이 아직 먼 미래의 이야기라고 생각한다. 하지만 그렇지 않다. 자율주행은 기술적으로는 거의 완성된 단계다. 손정의 소프트뱅크 회장은 세계경제포럼 다보스 어젠다 2021에서 "2년 내 운전대가 없는 자율주행차의 대량 생산이 시작된다"라고 했다.

자율주행의 시대가 되면 일상이 어떻게 바뀔까? 손정의 회장은 "택시를 부르는 대신 스마트폰으로 자율주행차를 부를 수 있고, 자율주행차는 당신이 차를 소유하는 것보다 싼값에 목적지에 데려다줄 것이다"라며, "자동차 보험에 가입할 필요도 없고, 차고도 필요 없으며, 쇼핑하러 갈 때나 사무실에 갈 때 주차장을 확인할 필요도 없다"라는 말도 덧붙였다. 손정의 회장이 말하는 바는 무엇일까? 구체적인 예를 들어 설명을 해보겠다.

자동차를 3대 소유하고 있는 가족이 있다고 하자. 이 중 1대는 아버지가 출퇴근용으로 사용한다. 1대는 어머니가 장을 보거나 개인적인 업무를 보는 데 사용한다. 그리고 나머지 1대는 아들이 사용한다.

만약 자율주행의 시대가 되면 이 가족에게는 어떤 일이 일어날까? 아침에 아버지가 출근한 후 자율주행 기능을 이용해 자동차를 집으로 보낸다. 그러면 어머니가 그 자동차를 타고 동창회에 간 후 자율주행 기능을 이용해 자동차를 다시 집으로 보낸다. 그리고 아들이 차를 타고 미팅 장소에 간 후 그 차를 어머니의 동창회 장소로 보낸다. 동창회를 마친 어머니가 그 자동차를 타고 집으로 온다. 그리고 자율주행 기능을 이용해 아버지 회사로 자동차를 보낸다. 아버지는 이 차를 타고 퇴근을 한다. 이렇게 되면 자동차가 1대만 있으면 기존 3대가 하던 일을 다 할 수 있다. 즉, 필요한 자동차의 대수가 줄어들게 된다. 하지만 자동차 대수의 감소는 여기서 그치지 않는다.

통상적으로는 자동차를 타는 시간은 하루 2시간 정도에 불과하고, 나머지 22시간은 주차장에 있다. 즉, 자동차는 하루에 약 10% 정도만 이용하고, 90%는 주차된 것이다. 그런데 자율주행이 되면 차량을 타인에게 빌려줄 수 있다. 여러분이 만약 자율주행차를 소유하고 있다고 가정해보자. 그 차를 이용해서 하루에 5만 원을 벌 수 있다면 어떻게 하겠는가? 하루에 5만 원을 벌면 1년이면 1,800만 원 이상을 벌게 된다. 설사 하루 5만 원이 아니라 하더라도 차량을 이용해 돈을 벌 수 있다면, 아마 대부분의 차량 소유주들은 모두 다 그렇게 할 것이다. 자율주행이 되면 자동차를 사용하시 않는 동안 주차장에 그대로 방치하지 않고, 자동차가 스스로 돌아다니면서 돈을 벌게 할 것이다. 테슬라의 일론 머스크(Elon Musk)가 말한 '로보택시'가 바로 이런 개념이다. 일론 머스크는 자율주행 차량을 택시로 이용해 돈을 벌 수 있도록 하는 네트워크를 만들겠다고 했다.

만약 이렇게 차량의 이용도를 높이면 자연히 차량의 수는 줄어들게 된다. 여러 연구들은 자율주행이 되면 앞으로 운행 중인 차량의 수는 획기적으로 줄어들 것이라는 결과를 보여준다. 예를 들면, 유럽자동차협회 ACEA(European Automobile Manufacturers' Associations)의 보고서에 따르면, 공유자동차로 활용되는 자동차 1대는 개인 승용차를 4대에서 최대 10대까지 대체할 것이라고 한다. 컨설팅 업체인 프로스트 앤 설리번(Frost & Sullivan)이 2010년에 조사한 결과에 의하면, 자동차 공유에 이용되는 자동차 1대로 약 15명의 자동차 소유가 대체된다고 한다.

물론 운행 중인 차량의 수가 줄어든다고 할지라도 자동차 판매량이 드라마틱하게 감소하지는 않을 것이다. 차량의 이용도를 높이면 자연히 차량의 수명이 감소하기 때문이다. 예를 들면, 기존에는 차량 구매 후 평균 5년 동안 사용했다면, 자율주행이 완성되면 평균 3년밖에 사용하지 못할 것이다. 자동차의 사용 효율이 높아지기 때문이다. 그래서 실제 등록된 차량의 수는 많이 줄어들겠지만, 대신에 차량의 구매가 더 빈번하게 이뤄질 것이므로 큰 폭의 감소는 없을 것으로 생각한다. 그런데도 차량의 판매는 줄어들 것이다. 즉, 자동차 제조사의 입장에서는 차량 판매가 줄어들 것이고, 시장의 규모는 축소될 것이고, 이는 이윤의 감소로 이어질 수밖에 없다는 것이 내 생각이다.

전기차 제조업체의 증가

전기차는 기존 내연기관차보다 만들기가 쉬우므로 전기차만 전용으로 제작하는 제조사가 생겨나고 경쟁은 치열해질 것이다. 예를 들면, 내연기관차였으면 테슬라가 자동차 제조업에 뛰어들 수 없었을 것이다. 전기차였기 때문에 테슬라의 시장 진입이 가능했다.

향후 자동차 산업의 지배자는 누구인가?

만약 자동차 제조사가 매력적이지 않다면 향후 10년간 성장할 자동차 관련 회사는 없는 것일까? 그렇지 않다. 10년 후를 예측했을 때, 자동차와 관련해 성장 가능성이 큰 매력적인 회사들이 있다. 어떤 회사가 매력적일까? 이를 알기 위해서는 향후 자동차 산업이 어떤 식으로 흘러갈지에 대해 예측해봐야 한다.

얼마 전에 카카오 모빌리티에 대한 신문 기사가 나왔다. 카카오 모빌리티는 모든 종류의 열차에 대해 예매부터 결제, 발권까지 가능한 서비스를 제공한다고 밝혔다. 또한, 카카오T 시외버스, 카카오 T택시 등의 서비스까지 유기적으로 연동해 범광역권 이동 수단을 아우를 계획이다. 즉, 기차역이나 노선별 정보를 몰라도 최종 목적지를 입력만 하면 최적의 기차 노선을 안내받아 예매할 수 있고, 기차와 시외버스 간 환승 정보 등을 모두 제공받을 수 있다는 것이다. 류긍선 카카오 모빌리티 대표는 "카카오T 플랫폼이 범광역권 이동 서비스를 제공하게 된 만큼, 이를 시작으로 더 다양한 서비스를 연결해 이동에 대한 포괄적 비전을 제시하는 유일한 플랫폼으로서의 위상을 더욱 공고히 해나갈 것"이라고 말했다.

여기서 우리는 자동차 관련 산업의 미래를 예측해볼 수 있다. 바로 MaaS다. MaaS는 'Mobility as a Service'의 약자인데, 자동차, 자전거, 버스, 택시, 기차, 비행기 등 모든 운송수단의 서비스화를 말한다. 하나의 앱을 통해 경로를 제공하고 예약과 결제까지 가능한 시스템을 말한다.

구체적인 예를 들어보자. 무더운 8월의 여름날 서울에서 부산으로 피서를 떠난다고 가정해보자. 서울 강남구 대치동 주택가에서 출발해서 부산 해운대 조선비치호텔에서 2박 후 돌아올 계획이다. 그러면 카카오나 네이버와 같은 플랫폼, 또는 우버나 리프트와 같은 차량공유 플랫폼을 통해 예약한다. 이들 플랫폼에서는 비용이나 시간의 여유 정도에 따라 여러 가지 옵션을 제공한다. 즉, 부산까지 SRT를 타고 가는 옵션도 보여주고, 고속버스를 타는 옵션도 보여주며, 비행기를 타는 옵션도 보여준다. 그리고 부산역에서 해운대까지 택시를 타는 옵션도 보여주고, 지하철을 타는 옵션도 보여준다. 그러면 예약자는 본인의 시간이나 예산 등의 사정에 맞춰 원하는 옵션을 선택한다.

여기서 중요한 점은 하나하나 따로 예약하는 것이 아니라 모든 교통수단과 호텔을 한꺼번에 예약하는 것이다. 예를 들어, 예약자가 대치동 집에서 택시를 타고 수서역까지 간 후 SRT로 부산에 가고, 부산역에서 택시를 타고 해운대 조선비치호텔로 가는 옵션을 선택했다고 하자. 그리고 2박 후 돌아오는 방법도 동일한 옵션을 선택했다고 하자. 그러면 네이버나 카카오, 또는 우버나 리프트와 같은 플랫폼에서 모든 예약을 한꺼번에 진행할 것이고, 플랫폼에서는 기차 시간에 맞춰 집 앞으로 택시를 보내줄 것이다. 예약자는 그 택시를 타고 수서역으로 간 후, SRT를 타고 부산에 도착한다. 부산역을 나서면 플랫폼에서 배정한 택시가 미리 도착해서 대기 중이다. 이 택시를 타고 해운대의 조선비치호텔로 간다. 이틀간 휴식을 취한 후 같은 방법으로 서울로 돌아온다. 만약 이 비용이 다 합해 60만 원이라면, 예약자는 60만 원을 전부 플랫폼에 지불한다. 택시비 따로, SRT 따로, 호텔비 따로 결제하는 것이 아니라 예약한 모든 비용을 합해 한꺼번에 플랫폼에 결제하면 플랫폼 업체가 정해진 규칙에 따라서 각 운송 업체와 호텔에 결제금액을 배분해준다. 이런 시스템은 익스피디아닷컴(www.expedia.com)과 같은 호텔 예약 사이트에서는 어느 정도 시행되고 있다. 익스피디아닷컴은 예약자에게 여러 가지 옵션을 보여주고 있다. 예를 들면, 호텔과 렌터카, 그리고 왕복 항공권까지 모두 플랫폼에서 한꺼번에 예약을 한 후, 결제하면, 플랫폼에서 항공사, 렌터카 회사, 호텔에 결제금액을 분배해준다.

모빌리트 전문가들은 향후에는 앞과 같은 MaaS의 시대가 본격적으로 도래할 것이라고 예상한다. 그렇다면 자동차 산업의 주도권은 누가 가지게 될까? 플랫폼이 주도권을 갖게 된다는 것이 내 생각이다. 다시 말하자면 자동차 제조사들은 플랫폼 업체에 종속될 것이다. 무슨 의미냐 하면, 만약 소비자가 플랫폼을 통해 예약한다면, 예약자에게 어떤 차량을 보낼지를 플랫폼이 결정하게 된다. 일반인들은 차량을 구매하기보다는 필요할 때마다 플랫폼을 통해 자율주행 차량을 호출할 것이다. 훨씬 편하기 때문이다. 따라서 미래에는 자동차 제조사의 입지가 축소된다는 것이다. 만약 우버가 도요타와 전략적 제휴를 맺어 도요타 차량 10만 대를 사들인다면, 향후 우버 플랫폼을 통한 예약자에게는 도요타 차량 위주로 배차를 할 것이다. 이런 이유로 자동차 제조사들이 차량공유 업체와 전략적 제휴를 맺고 지분을 사들이고 있다. 도요티는 2018년 우버에 투자했고, 혼다도 2018년에 GM크루즈에 7억 5,000만 달러를 투자했다. 현대차도 동남아 차량공유 플랫폼의 강자인 그랩과 전략적인 제휴 관계를 맺고 있다.

차량공유 플랫폼 외에 기존의 전통 플랫폼들도 모빌리티 사업에 뛰어들고 있다. 예를 들면, 구글은 자사 웨이모의 자율주행 OS를 장착한 차량을 피아트·크라이슬러·오토모빌스FC와 재규어에 발주한 바 있다. 향후 로보택시의 상용화를 염두에 둔 것이다.

결론적으로 요약하면 다음과 같다.

첫째, 전기차 시대가 오면 자동차 부품의 2차 판매 시장이 축소될 것이다. 또한, 중고차 시장도 축소가 불가피해서 자동차 제조사의 수익이 축소될 것이다.

둘째, 자율주행이 상용화되면, 자동차가 소유의 개념에서 공유의 개념으로 바뀌면서 자동차의 판매 대수가 감소할 것이다.

셋째, 향후 모빌리티 시장은 MaaS의 시대가 될 것이고, 자동차 산업의 주도권은 플랫폼 기업들이 갖게 될 것이다. 자동차 제조사들은 향후 플랫폼 회사들에 종속될 우려가 있다.

자동차 관련 주의 탑픽

자동차 산업의 궁극적 지배자는 플랫폼 기업이 될 것이라고 나는 생각한다. 구글이나 네이버와 같은 전통 플랫폼 기업과 우버나 리프트와 같은 차량공유 플랫폼이 승자가 될 것이다. 전통 플랫폼 업체들은 워낙 많은 사업을 펼치고 있으므로 차량공유 플랫폼에 집중해서 생각해보면, 10년 후 자동차 산업의 궁극적 승자는 글로벌하게는 우버가 될 것이고, 국내에서는 카카오 모빌리티가 될 것이다. 물론 나의 개인적 의견에 불과하니 참조만 하기 바란다.

10년 후 통신산업 & 탑픽

조지프 슘페터의 '창조적 파괴'

메타버스의 시대에는 통신서비스가 활발해지고, 5G의 가입자가 늘어나기 때문에 통신회사의 수익성이 증대될 것이라는 등의 이야기는 증권방송의 전문 메뉴다. 하지만 이와 같은 분석은 기존에 해오던 비즈니스 방식이 그대로 유지된다는 전제하에 유효한 전략이다. 조지프 슘페터(Joseph Schumpeter)는 '창조적 파괴'의 개념을 설명하면서, 경제는 새로운 기술의 등장으로 기존산업이 파괴되고, 사회는 이에 적응하면서 새로 선보이는 신산업이 그 빈자리를 메우는 혁신적 순환이 반복되면서 발전한다고 했다. 일론 머스크의 스페이스X로 대표되는 저궤도 위성이 창조적 파괴의 범주에 들어가는지에 대해 우리는 생각해봐야 한다. 만약 그렇다면 통신산업에도 큰 변화의 소용돌이가 몰아칠 것이기 때문이다.

국내에서는 초고속 인터넷을 언제, 어디서나 저렴하게 이용할 수 있다. 하지만 해외여행을 하다 보면 꼭 그런 것은 아니라는 사실을 알게 된다. 인터넷의 속도나 접근성 때문에 답답했던 적이 한두 번이 아니다. 더 나아가 하늘에 떠 있는 비행기나 바다 위의 배에서는 인터넷이 아예 안 된다. 사막이나 높은 산에서도 불편하기는 마찬가지다.

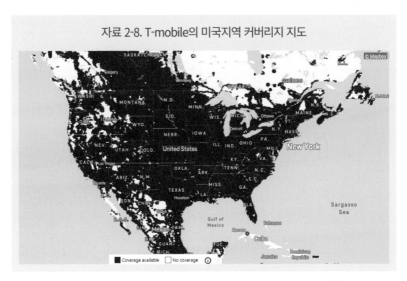

자료 2-8. T-mobile의 미국지역 커버리지 지도

출처 : T-mobile

앞의 자료 2-8은 미국의 이동통신회사인 T-mobile의 미국 전역 통신서비스 커버리지 지도다. 빨간색은 통신서비스가 가능한 지역이고, 하얀 색은 통신서비스가 되지 않는 지역이다. 특히 서부의 사막이나 산악지대에서는 통신서비스가 취약함을 알 수 있다. 실제로 캘리포니아의 요세미티 국립공원에는 통신망이 미치지 못해 관광객들이 종이 지도로 길을 찾아다닌다고 한다. 인터넷은 현재 광케이블을 통해 기지국과 기지국을 연결해 서비스를 제공한다. 하지만 산악지대나 사막에는 광케이블이 깔려 있지 않기 때문에 인터넷 연결이 어렵다. 향후 자율주행차의 시대가 되면, 언제 어디서나 인터넷에 연결되어야 한다. 그런 면에서 기존 통신서비스는 극복하기 힘든 취약점이 있는 것이다.

하지만 최근에 저궤도 인공위성이 이러한 문제점들을 해결하고 있다. 저궤도 인공위성이 제공하는 인터넷서비스를 이용할 경우 세계 어느 곳에서나 동일한 서비스를 제공받을 수 있다. 비행기나 유람선에서도 동일한 서비스를 제공받을 수 있고, 사막이나 산악에서도 마찬가지다. 우주에서 전파를 쏘니 하늘이든 바다든 산이든 관계없이 지구 전역에 음영지역이 없어지는 것이다. 비행기를 탈 때도 핸드폰을 끌 필요가 없고, 에어플레인 모드로 전환할 필요도 없다. 다른 나라에 갈 때도 로밍할 필요가 없다. 그냥 모든 것이 자동으로 서비스가 된다. 해외여행 중에도 국내와 같은 품질의 서비스를 이용할 수 있고, 비행기 안에서도 마음껏 데이터를 사용할 수 있는데, 가격마저 큰 부담이 없다면 소비자는 어떤 선택을 하게 될까?

스페이스X의 스타링크를 이용하려면 기기구입에 600달러, 월 이용료 99달러를 내야 하는데, 그리 높은 금액은 아니다. IT 전문 유튜버인 앤디 슬라이는 최근 미국 켄터키의 한적한 농촌에 기기를 설치해 스타링크 서비스를 테스트했다. 그는 "1초당 1메가비트 미만이던 인터넷 속도가 스타링크를 연결하자마자 100메가비트를 넘었다"며 "시골 주민에게는 혁신에 가까운 변화"라고 했다. 현재는 가끔 끊김 현상이 발생하지만, 이에 대해 스페이스X는 "위성 발사를 늘려 인터넷 속도와 연결 안정성을 높일 계획"이라고 했다. 그러면서 인터넷 속도가 초당 300메가비트로 2배 정도 빨라질 것이라는 계획도 밝혔다.

스타링크는 2020년대 중반까지 12,000대의 통신 위성을 발사해 전 세계에 초당 1기가비트의 초고속 인터넷을 보급할 계획이다. 먼저 저고도에 4,425개의 위성을 발사하고, 더 낮은 초저고도에 7,518개의 위성을 발사해 지구 전 지역을 커버하는 통신망을 구축한다는 계획이다. 2021년 중반까지는 약 1,260여 개의 위성을 발사한 것으로 알려졌다. 만약 스페이스X의 스타링크 프로젝트가 성공한다면, 스페이스X는 전 세계, 전 지역에 초고속 인터넷을 제공할 수 있게 된다. 현재 전 세계 가구의 45.2%가 인터넷서비스를 이용하지 못하고 있는데, 스타링크 프로젝트가 이 문제를 해결할 수 있는 것이다.

인터넷뿐 아니라 통신서비스도 제공할 수 있게 된다. 물론 제도와 법규 문제가 해결되어야 한다. 통신산업은 전 세계적으로 가장 중요한 국가 기간산업이다. 따라서 통신산업은 정부의 허가제로 운영되고 있다. 즉, 진입장벽이 매우 높다는 것이다. 각국 정부는 스페이스X가 통신사업을 마음대로 할 수 있도록 방치하지는 않을 것이다. 하지만 저궤도 위성에 의한 통신서비스라는 흐름을 거스르기도 어렵다. 결국, 국내 통신사들은 스페이스X와 협업을 통해 통신서비스를 제공할 가능성이 크다고 생각한다. 결론적으로, 스타링크 프로젝트가 성공한다면 스페이스X는 저궤도 인공위성을 통해 전 세계 통신과 인터넷산업을 장악할 수 있다.

업체별 득실

물론 이로 인해 피해를 보는 분야와 회사도 생긴다. 우선 이동통신 서비스를 제공하는 통신사업자의 피해는 불가피할 것이다. 스페이스X가 기존 인터넷과 통신사업의 상당 부분을 잠식할 가능성이 있기 때문이다. 현재 인터넷은 광케이블을 통해 기지국과 기지국을 연결해 서비스를 제공하지만, 스페이스X는 위성을 사용한다. 따라서 기지국이나 광케이블과 관련된 업체들의 피해가 예상된다.

하지만 향후 수요가 폭발적으로 늘어날 가능성이 있다는 점에서 중소형 위성을 제작할 역량을 가진 우리나라의 회사들은 수혜를 받을 것이다. 그리고 저궤도 통신서비스를 이용하기 위해서는 항상 한 곳에 듀얼 안테나가 필요하므로 안테나를 제작하는 업체 입장에서는 시장이 2배로 커지는 효과를 얻을 수 있어 수혜가 예상된다. 최근에 안테나 제조업체인 '인텔리안테크'의 주가가 크게 상승했는데, 이와 관련된 상승이라고 생각한다.

통신 관련 주의 탑픽

당연히 일론 머스크의 '스페이스X'가 통신 관련 탑픽이 될 것이다. 성장성에 있어서는 테슬라를 능가할 가능성이 있다.

6

평생 주식 투자를
스무 번만 할 수 있다면

마지막 4할 타자 테드 윌리엄스

메이저리그의 마지막 4할 타자이자 아메리칸 리그에서 여섯 번의 타격왕을 차지했고, 1966년에 명예의 전당에 헌액된 역사상 가장 완벽한 타자! 베이브 루스(Babe Ruth)가 은퇴한 뒤, 1940년대와 1950년대 조 디마지오(Joe DiMaggio), 스탠 뮤지얼(Stan Musial)과 함께 '3인방'으로 불렸던 천재 타자! 레드삭스의 전설적 영웅인 테드 윌리엄스(Ted Williams)의 이야기로 시작을 해보자.

1941년 9월 28일, 필라델피아 샤이브 파크. 4할이 인정되는 3할9푼9리5모5사(0.39955)의 타율을 기록하고 있던 테드 윌리엄스의 4할 기록을 지켜줄 목적으로 소속팀 감독은 그를 라인업에서 제외하고 경기를 하려고 했다. 그러자 테드 윌리엄스가 곧바로 감독을 찾아가서 "내가 오늘 안타를 못 치면 4할 타자가 아닌 거지. 그렇게까지 해서 4할을 달성하고 싶지 않다"라는 말을 남기고 경기에 출장했다. 그날 더블헤더 경기에서 8타수 6안타를 기록한 테드 윌리엄스는 4할 6리의 타율로 20세기 마지막 4할 타율을 달성한 위대한 선수로 기록되었다. 우리나라에서도 비슷한 일이 있었다. 비슷하기는 하지만 불행하게도 반대로 비슷한 경우다. 1984년 삼성과 롯데와의 마지막 대결이 9월 22일과 23일에 부산에서 벌어졌다. 두 팀 간의 마지막 경기였을 뿐 아니라 1984시즌의 마지막 경기이기도 했다. 공교롭게도 그해의 타격왕은 두 팀 선수 간의 대결이었다. 마지막 대결을 앞두고 삼성의 이만수는 타율이 3할4푼(0.340)이었고, 롯데의 홍문종은 타율이 3할3푼9리(0.339)였다. 이만수가 안타를 못 치고 홍문종이 안타를 치면 그해의 수위타자가 뒤바뀌는 것이다. 그러자 삼성에서는 두 경기 모두 이만수를 내보내지 않았고, 홍문종의 타격기회는 원천봉쇄했다. 즉, 홍문종이 나오기만 하면 무조건 고의사구로 걸렀던 것이다. 그래서 홍문종은 9연속 고의사구라는 전무후무한 기록을 남겼고, 결국 타격왕은 이만수에게로 돌아갔다.

비슷한 경우가 LG의 박용택에게도 있었다. 2009년 LG의 박용택과 롯데의 홍성흔이 타격왕 경쟁을 벌이고 있었다. 공교롭게도 마지막 경기는 LG와 롯데의 대결이었다. 이 경기를 앞두고 박용택의 타율이 홍성흔보다 2리가 앞섰지만, 홍성흔이 마지막 경기에서 안타 2개를 친다면 순위가 뒤바뀌는 상황이었다. LG는 박용택을 출전시키지 않은 것으로 그치지 않고, 타자로서는 도저히 칠 수 없는 터무니없는 공을 홍성흔에게 계속 뿌려댔다. 관중들이 야유를 퍼부었지만 개의치 않았다. LG의 김재박 감독은 경기 후 "예전에는 이보다 더한 밀어주기도 있었다"라며 1984년 삼성의 이만수 사례를 암시했고, 훗날에는 "타자가 경기에 안 나가겠다는데 감독이 뭘 할 수 있겠냐?"라는 말을 해서, 박용택이 타격왕을 차지하기 위해 경기에 나갈 의사가 전혀 없었음을 인정한 바 있다. 결국, 박용택은 그해의 타격왕이 되었지만, 방송국에서는 박용택을 제쳐두고 대신에 타격 2위의 홍성흔을 인터뷰한 일이 벌어지기까지 했다.

이만수와 박용택의 억지 타격왕이 야구의 흑역사로 남아 두고두고 회자되고 있는데, 타격왕 타이틀을 따냈다는 것이 그들에게 무슨 의미가 있을까? 마지막까지 정정당당한 스포츠맨십을 발휘한 테드 윌리엄스를 보고 이들은 무엇을 느낄까? 이만수는 그렇다 치고, 이만수가 그렇게 비난을 받는 것을 봤음에도 불구하고, 박용택과 LG가 비겁한 판단을 한 행위는 어떻게 이해해야 할까?

다시 테드 윌리엄스의 이야기로 돌아가보자. 테드 윌리엄스는 "타격의 절반은 머리로 하는 것"이라고 말하며, "스트라이크 존 밖으로 2인치쯤 빠지는 공에 손을 대기 시작하면, 스트라이크 존을 무려 35%나 넓혀주게 되어 타자에게 불리해진다"라고 했다. 좋은 공을 기다리고 고르는 일이 타자에게는 아주 중요함을 강조한 것이다. 테드 윌리엄스는 스트라이크 존을 77개로 분할한 후 자신의 타율을 분석했는데, 스트라이크 존의 중앙에 들어오는 공을 쳤을 때 안타가 될 확률이 가장 높았고, 주변으로 벗어날수록 안타의 확률이 낮았다. 그는 생애 통산 평균 3할4푼4리(0.344)의 타율을 기록했는데, 자료 2-9를 보면 중심부에 들어오는 공을 쳤을 때는 타율이 4할(0.400)인 반면, 바깥쪽 아래 존은 2할3푼(0.230), 안쪽 아래 존은 2할5푼(0.250)이었다. 중심부에서 바깥쪽으로 멀어질수록 타율은 낮아졌다. 아마도 스트라이크가 아닌 볼을 쳤을 때는 타율이 더 낮아졌을 것이다.

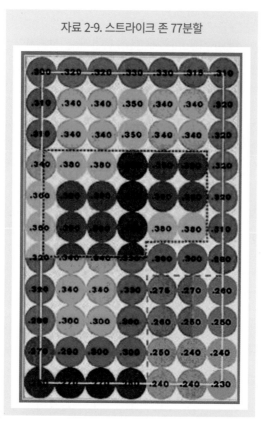

자료 2-9. 스트라이크 존 77분할

출처 : 테드 윌리엄스, 《타격의 과학》, 이상미디어, 2011

야구는 테드 윌리엄스, 주식은 워런 버핏

고수끼리는 통한다고 했던가. 그런 이유인지 몰라도 워런 버핏은 테드 윌리엄스 이야기를 자주 했다. 워런 버핏은 자기 방에 테드 윌리엄스의 《타격의 과학(The Science of Hitting)》이라는 책 표지를 붙여놓았다고 한다. 그리고 주변 사람들에게 "훌륭한 투자란 테드 윌리엄스처럼 좋은 공이 올 때까지 기다려서 안타를 치는 것과 같다. 좋은 투자

기회가 올 때까지 잘 참고 기다려 그 기회를 놓치지 않아야 한다"라고 충고했다. 워런 버핏이 생각하는 좋은 투자란 "자기의 스트라이크 존을 정확하게 인식하고, 나쁜 공에는 배트가 나가지 않아야 좋은 타자다"라는 테드 윌리엄스의 말과 일맥상통한다.

"내가 여러분에게 주는 사용권을 이용하면 투자 실적을 극적으로 높일 수 있습니다. 이 사용권은 스무 번만 사용할 수 있는데, 여러분이 평생 스무 번만 투자할 수 있다는 뜻입니다. 즉, 스무 번 투자한 다음에는 더 투자할 수 없습니다. 이 원칙을 따른다면 여러분은 투자를 정말 신중하게 생각할 것이고, 정말 깊이 생각한 종목만 사게 될 것입니다. 따라서 실적이 훨씬 좋아질 것입니다."

이 말은 워런 버핏이 어느 모임에서 한 말인데, 주식의 잦은 매매를 삼가고 강한 확신이 들 때만 큰 비중을 실어서 주식 매매를 하라는 의미다.

야구를 할 때 좋은 타자는 선구안이 좋다는 말을 한다. 선구안이 좋다는 말은 좋은 공을 잘 고른다는 의미다. 아무리 좋은 타자라도 나쁜 공을 쳐서는 타율을 올리기 어렵다는 뜻이리라. 투자도 이와 마찬가지다. 숙련된 투자자는 시도 때도 없이 주식을 사지 않는다. 좋은 주식이 눈 안에 들어올 때까지 기다렸다가 큰 비중을 실어 승부를 본다는 것이 워런 버핏의 지론이다. 좋은 주식은 아무 때나 불쑥불쑥 나타나지 않는다. 흙 속의 보물만큼 찾아내기가 어렵다. 그만큼 귀하다는 말이다. 따라서 좋은 주식이 눈에 띄었을 때는 큰 비중을 실어서 과감하게 투자해야 한다. 분산 투자 대신에 집중 투자를 해야만 하는 이유가 여기에 있다. 좋은 종목들은 여러 개가 동시에 눈에 띄는 경우가 없기 때문이다. 테드 윌리엄스가 확신에 찬 스윙을 했듯이, 만약 투자자에게도 배트를 휘두를 만한 확신에 찬 종목이 눈에 들어온다면 큰 비중을 실어야 한다. 확신을 가지는 종목에 100% 비중을 실어서 투자를 한 사람과 분산 투자를 강조하며 그 종목에 20% 비중밖에 투자하지 못한 사람을 비교해보자.

자료 2-10. 최선호주에 100%의 비중으로 투자하는 경우

종목명	비중	수익률
A(최선호주)	100%	100%
계	100%	100%

자료 2-11. 최선호주에 20%의 비중으로 투자하는 경우

종목명	비중	수익률
A(최선호주)	20%	100%
B	20%	10%
C	20%	5%
D	20%	-20%
E	20%	20%
계	100%	23%

A(최선호주)는 자신이 오랫동안 노력한 끝에 발굴한 확신에 찬 종목이다. 하지만 다른 종목은 그렇지 못하다. 그러면 당연히 A(최선호주)의 상승 가능성이 다른 종목의 상승 가능성보다 크다. 또한 A(최선호주)는 자신이 잘 아는 종목이다. 공부하고 노력한 후 확신을 하고 매수한 종목이기 때문이다. 그래서 상승 초기에 팔아버리지 않고 목표 주가에 도달할 때까지 기다릴 수 있다. 그리고 하락을 하더라도 그 종목에 대해 잘 알기 때문에 팔지 않고 기다릴 수 있다. 그런 이유로 목표 주가에 도달할 때까지 상승분을 온전히 다 취할 수 있다. 하지만 자신이

잘 알지 못하는 종목들은 그렇지 못하다. 이런 종목들은 주가가 하락하면 공포에 질려 손절하게 되고, 상승하면 상승 초기에 매도해버리기 쉽다. 그래서 상승분을 온전히 다 취하기가 어렵다. 즉, 잘 아는 종목은 100% 이상의 수익을 내는 것이 가능하지만, 잘 모르는 종목은 상승 초기에 매도하는 경우가 많아서 10~20%의 수익에 만족하는 경우가 많다. 주식으로 큰 수익을 내는 사람은 통상 소수의 종목에서 크게 수익이 난 투자자들이지, 모든 종목에서 골고루 큰 수익을 내는 사람들이 아니라는 점을 기억해야 한다.

여기서 얻을 수 있는 교훈을 정리해보자.

첫째, 테드 윌리엄스가 볼을 치지 않고 스트라이크, 그것도 스트라이크 존의 한가운데로 향하는 공을 기다리듯이, 투자자들도 여러 주식을 자꾸 샀다 팔았다 하지 말고 확신을 가질 수 있는 좋은 주식이 눈에 띌 때까지 기다린다.

둘째, 좋은 주식은 눈에 잘 띄지 않는다. 따라서 일단 좋은 주식을 찾았다고 생각하면 큰 비중을 실어 투자한다. 이는 집중 투자와 일맥상통한다. 즉, 분산 투자를 하지 말고 좋은 주식에 집중 투자를 하라는 것이다.

'타자의 선구안과 기다림의 미학'은 야구와 투자에 모두 적용되는 귀한 교훈임을 기억하자.

7

급등주 팔아야 하나? 보유해야 하나? 언제 팔아야 하나?

보유 주식이 여러 가지 이유로 급등을 한 경험이 있을 것이다. 보유 주식이 급등하게 되면 언제 팔아야 할지가 항상 고민이다. 너무 일찍 팔아서 본격적인 상승분을 놓치는 경우도 많고, 반대로 더 큰 상승을 기다리다가 주가가 제자리로 돌아오는 경험을 하는 경우도 많기 때문이다. 그래서 주가가 급등할 때는 팔아야 할지, 보유해야 할지, 그리고 언제 팔아야 할지에 대해 생각을 하게 되는데, 이에 관해 이야기하고자 한다.

주가의 상승은 실적에 바탕을 둔다. 영업이익의 급격한 증가는 물론이고, 심지어 테마주의 상승도 실적에 바탕을 둔다. 왜냐하면, 예를 들어 대통령 후보와 어떤 기업의 사장이 절친이라 주가가 오르는 이유는 향후 그 후보가 대통령이 되면 해당 기업이 수혜를 볼 것이고, 그렇게 되면 회사의 실적이 좋아져서 영업이익이 증가할 것이라는 기대 때문이다. 즉, 주가의 상승은 모두 실적과 관련이 있는 것이다. 그러면 급등했던 주가가 떨어지는 이유는 무엇일까? 그 이유는 여러 가지가 있겠지만 주가를 급등시켰던 재료가 실현되어 이익이 증가할 가능성이 있는지, 그리고 언제쯤 실현될 것인지에 따라 다르다. 그래서 급등주를 매도할 것인지에 대한 판단을 할 때는 세 가지로 나눠서 생각한다.

실현 가능성이 낮은 경우

첫 번째로는 상승 모멘텀으로 작용했던 재료가 실현 가능성이 있는지에 대해 먼저 생각해야 한다. 만약 재료의 현실화가 불확실하다면 실적의 향상도 불확실할 것이고, 그러면 주가는 다시 제자리로 돌아올 것이다. 아마도 2020년에 큰 상승을 했던 신풍제약이 여기에 해당할 것이다. 신풍제약에서는 말라리아 치료제를 판매하고 있다. 그런데 말라리아 치료에 사용되는 클로로퀸(chloroquine)과 하이드록시클로로퀸(hydroxychloroquine)이 코로나19의 치료에 효과가 있을 것이라는 기대가 있었다. 코로나19가 막 기승을 부리기 시작했던 2020년 3월, 미국의 트럼프(Trump) 전 대통령이 클로로퀸을 코로나19의 치료 용도로 사용할 수 있도록 승인한 바 있기 때문이다. 약간 생소하고 어려운 이야기일 수 있지만, 클로로퀸이 코로나19에 효과적일 것이라고 기대하는 원리는 클로로퀸과 하이드록시클로로퀸이 세포 내에서 불필요한 단백질과 세포 구성성분들을 분해하는 오토파지(autophagy)의 기능을 저해하기 때문이다. 오토파지는 세포 내에서 더는 필요가 없어진 요소를 분해하는 일종의 청소 시스템과 같은 것이다. 만약 클로로퀸의 작용으로 오토파지가 비활성화된다면 코로나 바이러스의 증식을 억제할 수 있다는 가설이 있다. 코로나 계열의 바이러스에 감염되면 오토파지의 기능이 활성화되는 것이 관찰되었다. 오토파지에서 중요한 역할을 하는 오토파고솜이라는 세포 내 소기관과 코로나 바이러스가 세포를 감염시킨 뒤 자신의 유전자 복제를 위해 만드는 소기관의 막 구조가 비슷한 데서 나온 가설이었다. 이로 인해 코로나 바이러스가 증식할 때 오토파지가 중요한 역할을 할 수 있다는 가설을 바탕으로 한 연구가 진행되었다.

하지만 반대로 코로나 바이러스는 세포를 감염시킨 뒤 오토파지를 활성화하는 것은 사실이지만, 오토파지가 바이러스 증식에 꼭 필요하지 않다는 증거들도 있다. 예를 들면, 코로나 바이러스는 ATG5가 없는 세포 안에서도 별문제 없이 증식한다는 연구 결과도 있다. 바이러스 감염 시 오토파지가 활성화되는 현상은 감염된 세포의 바이러스에 대한 반응일 뿐이라는 주장도 있다. 오토파지를 억제하면 오히려 코로나 바이러스를 치료하는 데 해가 될 수 있다는 연구 결과도 있다. 클로로퀸이 코로나19의 치료제라는 것은 단지 가설일 뿐이고, 코로나 치료제가 될 가능성이 큰 것은 아니었다. 즉, 주가 상승의 모멘텀이 되었던 재료가 현실화될 가능성이 크다고 보기는 어려웠다.

자료 2-12. 클로로퀸(chloroquine)

자료 2-13. 하이드록시클로로퀸(hydroxychloroquine)

신풍제약은 워낙 큰 세력이 붙었던 주식이라서 생각보다 큰 상승이 있었다. 그래서 신풍제약의 경우가 좀 애매하다면 2019년에 급등

자료 2-14. 신풍제약 주봉

출처 : 네이버 금융

했던 샘코를 보면 좀 더 명확해진다. 2019년 6월에 플라잉카 관련 주가 급등했었다. 샘코는 수직이착륙이 가능한 무인항공기 듀오드론을 개발한 경력이 있다는 이유로 급등을 했다. 5,000원 하던 주식이 3만 6,000원까지 단기간에 무려 7배나 상승을 했다. 이런 경우에는 급등한 주식을 매도해야 한다. 왜냐하면, 플라잉카가 언제 개발될지도 불투명한 데다 샘코에서 개발한 수직이착륙 기술이 사용된다는 보장도 없고, 플라잉카를 제조하는 회사(예를 들면, 현대차 그룹)에서 수직이착륙 기술을 직접 개발하는 것도 가능하기 때문이다. 이같이 불확실한 테

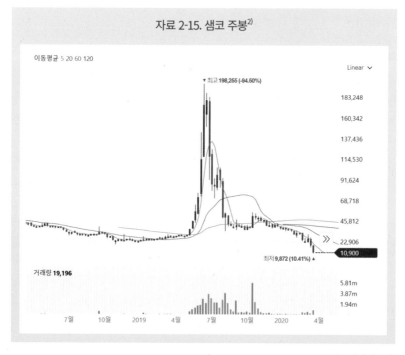

자료 2-15. 샘코 주봉[2]

출처 : 네이버 금융

---

2) 샘코는 95% 비율로 감자를 한 상태다.

마에 얽혀 상승한 주식들은 대부분 상승하기 전 가격으로 돌아온다. 따라서 상승했을 때 매도해야 하는 주식이다. 자료 2-15에서 보다시 피 샘코는 상승 후 하락해 제자리 밑으로 하락했는데 현재는 거래 정지된 상태다.

실현 가능성은 높지만 시간이 오래 걸리는 경우

두 번째로는 주가 상승을 이끌었던 모멘텀이 현실화될 가능성은 크고 파괴력이 대단하지만, 시간이 오래 걸리는 경우가 있다. 예를 들면 박셀바이오가 이에 해당된다. 2020년 상장한 박셀바이오는 단기간에 10배 이상 상승하는 텐베거 종목이 되었다. 상승의 트리거는 간암 관련 치료제였다. 박셀바이오는 국내에서 간암이 완전 관해(寬解)되는 놀라운 결과를 모멘텀으로 해서 주가가 큰 상승을 했다. 즉, 암세포가 완전히 사라지는 환자가 여럿 나왔던 것이다. 암세포의 완전 관해는 굉장히 파괴력이 있는 재료다. 박셀바이오의 간암치료제가 매출로 연결될 경우 놀라운 수준의 실적이 예상되기 때문이다. 하지만 이제 겨우 국내에서 임상 1상 정도가 진행 중이라면 앞으로 빨라도 최소한 몇 년이 지나야 매출로 연결될 수 있다. 주가를 끌어올렸던 재료가 현실화되는 데 상당한 시일이 걸린다면, 재료가 아무리 좋아도 그 주식은 매도해야 한다고 생각한다. 이런 주식은 재료가 엉터리는 아니어서 주가가 원위치까지 떨어지지는 않을 가능성이 크지만, 상당한 하락은 불가피하다고 생각한다.

자료 2-16. 박셀바이오 주봉

이동평균 5 20 60 120

▼최고 299,700 (-85.40%)

285,102
253,424
221,746
190,068
158,390
126,712
95,034
63,356
43,750
31,678

무증

▲최저 10,225 (327.87%)

거래량 837,727

35.3m
26.5m
17.6m
8.82m

11월   2021   3월   5월   7월   9월   11월

출처 : 네이버 금융

재료가 실적으로 곧바로 연결되는 경우

세 번째로는 재료가 실적으로 곧바로 연결되는 경우다. 데브시스터즈는 2021년 1월에 주가가 1만 원대였는데, 10월에는 주가가 20만 원에 육박했다. 이렇게 단기간에 텐베거가 될 수 있었던 재료는 '쿠키런 킹덤'이었다. 쿠키런IP를 활용한 게임 '쿠키런 킹덤'이 대박이 나면서 주가가 크게 상승한 것이다. 우리나라와 대만에서 호평을 받은 데 이어 미국과 일본에서도 연착륙하며 지난해 대비 실적이 크게 상승했다.

자료 2-17. 데브시스터즈 주봉

출처 : 네이버 금융

자료 2-18. 데브시스터즈 실적

구분	2019년	2020년	2021년 3분기
매출액(원)	376억	705억	2,682억
영업이익(원)	−222억	−61억	509억

사실 가장 이상적인 주가 상승의 모델은 아프리카TV다. 아프리카 TV는 여러 가지 재료들이 있었는데, 이런 재료들이 실적에 반영되면서 영업이익이 많이 증가했다. 이렇게 영업이익이 지속해서 증가하는 기업은 주가가 급등했다고 할지라도 잘 하락하지 않는다. 따라서 하락할 것이 두려워 조금 올랐을 때 팔아 치우는 것보다는 자신만의 목표 주가에 도달할 때까지 보유하는 것이 좋은 전략이다. 즉, 재료가 실적으로 곧바로 반영되는 경우에는 주식을 서둘러 매도할 필요가 없다.

자료 2-19. 아프리카TV 주봉

출처 : 네이버 금융

자료 2-20. 아프리카TV 실적

구분	2019년	2020년	2021년 3분기
매출액(원)	1,665억	1,966억	1,969억
영업이익(원)	372억	504억	642억

언제 팔아야 할까?

급등주를 매도하기로 마음을 정했다고 하자. 그럼 언제 팔아야 할까? 물론 정답은 없지만, 그래도 매도 타이밍을 도와주는 여러 가지 지표들이 있다. 이격도, MACD, RSI, 스토캐스틱 등이 이에 해당한다. 하지만 주위를 둘러보면 이런 지표들에 익숙한 투자자들이 많지 않다. 그래서 나는 지인들에게 이동평균선을 이용해서 매도하라고 권유한다. 물론 이동평균선 매매가 완벽한 매도 시점을 잡아주는 것은 아니다. 그런데도 내가 이동평균선 매매를 주위에 권하는 이유는 너무 상승 초기에 매도해서 큰 상승분을 놓치는 확률을 줄이기 위해서다. 그리고 이 방법은 매매에 적용이 쉬워서 누구나 사용할 수 있다는 것도 하나의 이유다.

2020년과 2021년에 내가 지인들에게 가장 많이 추천했던 종목은 카카오였다. 그래서 그런지 몰라도 주위에 카카오 주식을 보유하지 않았던 투자자는 거의 없었던 것 같다. 그런데 카카오가 2021년 5월 중순부터 6월 하순까지 큰 상승을 했다. 다음의 자료 2-21을 보면, 5월 14일 109,000원(A지점)에서 시작해서 6월 24일 최고 173,000원(B지점)까지 상승한다. 시가총액이 수십조 원이나 되는 대형주가 40일 만에 약 70%가 오르는 엄청난 상승이었다. 그런데 주위의 지인들을 보면 대부분 상승 초기에 매도를 해버리는 경우가 많았다. 109,000원에서 상승을 했으니 12만 원이나 13만 원에 대부분 매도를 했다. 이렇게 급등을 하는 주식은 어디까지 오를지 아무도 모른다. 카카오는 시가총액이 KOSPI 10위 안에 들어가는 대형주니까 70% 상승에 그쳤을지 모르지만, 중소형주들은 단기간에 더 큰 상승을 한다. 이럴 경우에는 최고 꼭대기에서 팔지는 못하겠지만 그래도 어느 정도는 고점을 확인하고 파는 것이 옳다고 생각한다. 그래야 상승 초기에 물량을 다 빼앗겨버리는 일이 발생되지 않기 때문이다. 이런 경우 나는 이동평균선을 심플하게 이용한다. 즉, 5일 이동평균선이 10일 이동평균선 밑으로 떨어진 후(C지점)에 매도를 한다. 그러면 비록 최고점에서 매도할 수는 없지만, 고점 근처에서 매도하는 경우가 많다. 물론 5일 이동평

자료 2-21. 카카오 일봉

출처 : 네이버 금융

균선이 10일 이동평균선 밑으로 내려왔다가 다시 올라가는 경우도 많지만, 완벽한 매도 방법은 없다.

8

안정형 투자자의
주식 투자법

'안정형' 또는 '안정추구형' 투자자

증권사에서 계좌를 만들기 위해서는 투자 성향에 대한 설문조사를 먼저 작성해야 한다. 총 일곱 문항으로 되어 있는데, 투자자가 선택하는 답에 따라 안정형, 안정추구형, 위험중립형, 적극투자형, 공격투자형 등 총 5종류의 투자자로 분류된다. 그래서 안정형 성향의 투자자에게는 공격적인 상품을 추천하지 못하도록 되어 있다. 7개의 문항 중에 '만약 투자 원금에 손실이 발생할 경우 감수할 수 있는 손실 수준이 어느 정도인지'를 묻는 항목이 있다. 배점은 이 질문이 가장 높다. '무슨 일이 있어도 투자 원금은 보전되어야 한다'라고 답한 사람은 '기대 수익이 높다면 위험이 높아도 상관하지 않겠다'라고 답한 사람과 무려 24.9점의 차이가 난다.

자료 2-22. 투자 성향별 점수표

투자 성향	점수
1. 안정형	20점 이하
2. 안정추구형	20점 초과 ~ 40점 이하
3. 위험중립형	40점 초과 ~ 60점 이하
4. 적극투자형	60점 초과 ~ 80점 이하
5. 공격투자형	80점 초과

설문 결과, '안정형'이나 '안정추구형'으로 판명이 난 투자자들은 주식 투자보다는 원금이 보장되는 은행예금이나 손해가 날 확률이 거의 없는 채권형 펀드 등에 투자하는 것이 옳다. 그래서 증권사에서도 안정형은 '원금손실의 우려가 없는 CMA와 MMF가 적합하고', 안정추구형은 '채권형 펀드, 그중에서도 장기회사채펀드'가 적합하므로 이런 상품들을 추천하도록 가이드라인을 정하고 있다.

그런데 문제는 '안정형'이나 '안정추구형' 투자자들에게 적합한 상품들의 수익률이 형편없다는 것이다. 요즘 은행예금은 연리로 약 1.5%이고, CMA나 MMF의 수익률은 여기에도 미치지 못한다. 여러분들은 '72의 법칙'에 대해 다들 들어봤을 것이다. 르네상스 시대 이탈리아의 수학자였던 파치올리(Pacioli)가 일반인들도 쉽게 쓸 수 있는 복리 계산 공식인 '72의 법칙'을 만들었다. 만약 1.5%의 이자를 받는다면 원금이 2배로 불어나는 데 48년이 걸린다. 이런 식으로는 아무리 젊었을 때부터 노후 준비를 한다고 해도 큰 의미가 없다. 채권형 펀드도 마찬가지로 큰 수익을 올리기가 어렵다. 설상가상으로 돈의 가치는 앞으로 더 떨어질 것이다. 그래서 브리지워터 어소시에이츠의 레이 달리오(Ray Dalio)가 "현금은 쓰레기"라고 말하면서 달러나 원화와 같은 명목화폐를 믿지 말라는 말을 했다. 화폐의 가치는 점점 하락하는데 이자가 거의 없다시피 한 금융상품에 돈을 계속 넣어둔다면, 실질적 자산의 규모가 줄어드는 것을 두 눈 뜨고 지켜보는 것과 같다는 것이다. 그래서 뭔가 투자를 해야만 하는 상황에 놓이게 된다. 하지만 안정형이나 안정추구형의 투자자들은 손실을 극도로 싫어하고 손실이 나면 견디지 못한다. 또한, 노후를 대비한 연금 투자는 높은 수익률도 중요하지만 안정적 수익률도 중요하다. 그럼 이런 분들은 어디에 어떤 방식으로 투자를 해야 할까?

나는 배당주와 리츠가 이런 분들에게 적합하다고 생각한다. 그중에서도 특히 배당주가 좋다고 생각한다. 배당주는 종목만 잘 선정하면 손해를 볼 확률이 적을 뿐만 아니라, 의외로 시세차익을 얻을 가능성도 크기 때문이다. 이에 대해 좀 더 설명을 해보겠다.

첫째, '안정형'이나 '안정추구형' 투자자들은 많이 오를 주식보다는 떨어질 가능성이 적은 주식에 투자해야 한다. 손실이 나면 견디지 못하는 성격이기 때문이다. 그럼 어떤 주식이 떨어질 가능성이 적은 주식일까? 4% 수준 또는 그 이상의 배당을 주는 게 확실하다면, 이 주식은 떨어질 확률이 상대적으로 적다. 왜냐하면, 만약 4% 수준의 배당을 받는 것이 확실한데, 주가가 밑으로 떨어지면 배당 수익률이 6~7%로 더 올라가게 된다. 그러면 요즘 같은 저금리 시대에 갈 곳 없는 자금들이 몰려와 주가를 받쳐주게 된다. 그래서 이런 주식들은 하방이 막혀 있다고 할 수 있다. 코로나19 때와 같이 주식이 급락해도 고배당 주식들의 주가는 금방 회복된다. 높은 배당을 주는 주식을 싼 가격에 사면 겁날 게 없다. 그래서 이런 주식을 보유하면 원금 손실의 가능성이 크게 줄어든다.

둘째, 이런 주식을 샀는데 만약 주식이 올라서 10~20%의 시세차익을 얻게 되었다면, 이 주식을 매도하고 4% 수준의 배당을 확실히 받을 수 있는 또 다른 주식을 매수한다. 그러면 복리로 이익이 늘어나게 된다. 이런 방법을 사용하면 연평균 15% 이상의 수익은 얻을 수 있다고 생각한다.

배당주 투자의 구체적인 사례

배당주 투자를 하더라도 주식 투자에 대한 기본적인 지식과 흐름은 알고 있어야 한다. 그래야 제대로 된 배당주를 선택할 수 있다. 언론 매체 등에서 추천하는 배당주 투자나 과거의 사례를 통한 배당주 투자는 사실 큰 도움이 되지 않는다. 배당주 투자를 어떤 방식으로 할 것인지, 내 경우로 설명을 해보겠다.

지인 때문에 불가피하게 보험에 가입한 적이 있다. 일종의 연금 보험이라고 해서 그렇게 알고 덜컥 가입했다. 어차피 도와주기 위해 가입을 한 거라 이것저것 따지고 싶지 않았던 것이다. 2015년 10월에 가입을 한 후 매달 408,100원을 납부했다. 한동안 잊고 지내다가 2020년 여름에 확인했더니 해지환급금이 아직도 원금에 미치지 못하고 있었다. 총납입금액이 23,669,800원이었는데, 해지환급금이 19,298,569원에 불과했다. 4년 10개월을 납입했는데, 해지환급금이 원금의 81.5%에 불과한 것이다. 보험회사에 확인했더니 원금에 도달하려면 총 13년을 납입해야 한다는 것이었다. 참으로 어이가 없었다. 무늬만 연금 상품이었던 것이다. 고객 돈을 이렇게 함부로 여겨도 되나 하는 생각이 들자 가슴속에 분노가 끓어올랐다. 눈 감고 배당주에만 투자해도 최소한 이보다는 실적이 훨씬 좋았을 것이다.

그래서 보험을 해약한 후, 돌려받은 해지환급금으로 배당주를 사기로 했다. 보험에 가입한 이유가 노후에 연금을 받는 것이었으므로, 본래 취지에 맞게 최대한 안정적으로 운영해서 보험사보다 높은 수익만 얻으면 된다는 생각이었다. 그리고 매달 보험 납입금에 해당하는 408,100원도 계속 투자하기로 했다. 2020년 겨울에 사들인 배당주는 KT, 오리온 홀딩스, 부국증권 등이었다. 이 종목들은 높은 배당 때문에 하락할 확률이 적은 종목들이었다.

KT의 구현모 대표이사는 2020년부터 2022년까지 별도 기준 조정 순이익의 50%를 배당하겠다고 약속했고, 설사 이익이 줄어들더라도 최소한 주당 1,100원의 배당을 약속했다. 그 당시 주가가 23,500원이었으므로 최소 4.7%의 배당은 보장된 것이었다. 그리고 메타버스 산업의 성장에 따른 5G통신주의 성장 가능성, OTT의 성장에 따른 수혜 등으로 통신주가 주목받는 시기였다. 설사 주가가 오르지 못한다고 할지라도 내릴 가능성은 적은 고배당주였다.

오리온 홀딩스는 오리온의 지주회사다. 담철곤 회장은 최소 배당금을 650원으로 약속했다. 그 당시 주가 기준으로 약 5%의 배당률이다. 또한, 오리온의 영업실적도 좋고, 특히 중국에서 의료사업에 새로 진출하는 상태여서 향후 성장성도 있었다. KT와 마찬가지로 높은 배당률 때문에 주가가 내릴 가능성은 적었고, 시장에서 성장성을 인정해주면 30~40% 정도는 오를 수 있는 주식이었다.

부국증권은 원래 고배당주인데, 부동산 PF로 수익이 많이 늘어난 상태였기 때문에 최소한 전년도 수준의 배당은 유지할 것으로 확신할 수 있었다. 즉, 2019년의 배당이 주당 1,200원이었기 때문에 그 정도 배당은 예상이 되었다. 그러면 배당 수익률이 6%다. 그리고 이익이 계속 늘어나고 있는 상태였기 때문에 주가 상승 가능성도 있었다.

이 정보는 주식에 관해 관심을 두고 공부를 하는 사람이라면 어렵지 않게 획득할 수 있는 것들이다. 이렇게 막연하게 정보를 얻는 것 말고, 구체적으로 증권사에서 발행하는 보고서에서 정보를 얻는 예도 있다. 그래서 증권사의 보고서를 꾸준히 읽으면 고배당주를 찾는 데 도움이 된다. 내 경우에는 금호화학 우선주나 대신증권 우선주의 매수가 이에 해당한다. 하나금융투자에서는 2021년 3월 29일에 금호화학에 대한 보고서를 냈다. 제목은 '대세 상승 사이클 도래. Conviction Buy'다. 이 보고서를 보면 다음과 같은 구절이 나온다.

3) 높은 배당 수익률이 가능하다. 회사의 배당성향 가이던스 적용 시 DPS는 최소 8천 원으로 시가배당률 3.3%다(우선주 8.7%).
4) 2021년은 순현금 전환의 원년이다. 올해 말 순현금 7.6천억 원, 내년 순현금 2.3조 원을 추정한다. 탄탄한 재무구조를 바탕으로 CnT 등 신사업 확장을 통해 성장성을 확보할 수 있고, 추가 배당확대도 가능하다. 자사주도 이 과정에서 활용될 수 있다.

자료 2-23. 금호석유에 대한 하나투자금융의 보고서

2021년 03월 29일 I Equity Research
금호석유 (011780)

대세 상승 사이클 도래. Conviction BUY

출처 : 하나금융그룹

금호석유 우선주를 매수하면 연말 8.7%의 배당을 받을 수 있다는 의미다. 보고서는 대세상승 사이클에 진입해 주가 상승도 기대된다고도 쓰고 있다. 즉, 주가가 상승하면 시세차익을 얻어서 좋고, 설사 주가가 상승하지 않더라도 최소한 8.7%의 수익은 챙길 수 있다는 의미다. 만약 이 수준의 배당을 받을 수 있다면, 연말로 갈수록 주가는 오를 가능성이 크다. 즉, 상방은 열려 있지만 하방은 막혀 있는 주식으로 볼 수 있다.

다음은 대신증권 우선주다. 리서치알음에서는 2021년 3월 23일 대신증권에 대한 보고서를 냈다. 제목은 '증권사 애널들은 알아도 못하는 이야기, 대신증권 2분기 영업이익 4,500억 원 전망'이다. 이 보고서를 보면 다음과 같은 구절이 나온다.

동사는 금융주 내에서도 대표적인 고배당주로서 국내 증권사 가운데 배당성향이 가장 높다. 이달 2일 이사회에서 보통주 1,200원, 우선주 1,250원 등 총 804억 원 규모의 현금 배당을 결의했다. 이는 전년보다 주당 200원씩 증가한 수치(+20% YoY)다. 동사는 2021년에도 별도 기준 40% 이상의 배당성향을 유지한다고 밝히며 주주환원에 적극적인 태도를 보여주고 있다. 이러한 적극적인 주주환원 정책에 힘입어 보통주뿐만 아니라 우선주에 대한 관심도 높아질 전망이다.

대신증권은 2021년 별도 기준 40% 이상의 배당성향을 유지한다고 밝히며, 주주환원에 적극적인 태도를 보여주고 있다. 2020년에 1,250원을 배당했는데, 그 정도만 해도 시가배당률이 무려 9.5%다. 그리고 부동산 관련 자회사의 실적 대폭 호전과 주식 시장 활황으로 주가 상승의 가능성도 높았다. 즉, 높은 배당과 시세차익을 다 얻을 수 있다고 판단된 것이다.

리서치알음에서 대신증권에 주목하는 이유는 부동산 관련이다. 대신증권은 부동산 관련 자회사를 보유하고 있는데, 서울 최고급 주거 구역의 나인원한남과 춘천 온의지구 분양으로 대신증권의 영업이익이 4,500억 원에 달할 것이라고 전망했다. 이런 이유로 주가상승이 예상되지만, 설사 주가가 오르지 않더라도 높은 수준의 배당을 받으면 되는 것이다. 금호석유 우선주와 마찬가지로 높은 배당 때문에 하방은 막혀 있는 주식이라고 볼 수 있다.

자료 2-24. 대신증권에 대한 리서치알음의 보고서

2021. 03. 23 (火)				www.researcharum.com		
대신증권(003540, KS)						
증권사 애널들은 알아도 못하는 이야기 대신증권 2Q 영업이익 4,500억원 전망	시가총액 (억원)	주가전망	적정주가 (원)	현재주가 (원)	상승여력 (%)	
	7,362	Positive	36,500	14,500	151.7↑	

출처 : 리서치알음

자료 2-25. 배당주 투자 실적

구분	종목	매수단가	연간 배당금	배당락 전 주가
1	KT	23,450	1,350(5.8%)	25,500
2	오리온 홀딩스	13,000	650(5.0%)	13,950
3	부국증권	20,100	1,200(6.0%)	22,900
4	금호석유(우)	83,200	10,050(12.1%)	125,500
5	대신증권(우)	13,100	1,450(11.1%)	17,900

KT, 오리온 홀딩스, 부국증권은 2020년/금호석유(우), 대신증권(우)은 2021년

이런 식으로 배당도 많이 주고, 주가 상승 가능성이 큰 종목에 투자했다가 주가가 상승하면 매도하고, 그 후 또 다른 고배당주를 매수하고, 주가가 하락하면 그냥 배당을 받고 기다리는 전략을 쓰면 대박을 터트리지는 않겠지만 안정적인 수익을 올릴 수 있다. '안정형'이나 '안정추구형'의 투자자들도 '원금 손실의 우려는 없지만, 수익도 거의 없는' CMA나 MMF 또는 채권형 펀드보다는 배당주 투자가 낫지 않을까 생각한다. 물론 배당주도 주식이므로 주가의 등락이 있겠지만 그럭저럭 견딜 만한 수준일 것이다.

참고로, 나는 은행주는 2020년 배당주 후보에 포함하지 않았는데, 그 이유는 배당에 대한 확신이 없었기 때문이다. 왜냐하면, 금융 당국에서 은행에 배당을 자제하라는 메시지를 지속해서 내고 있었기 때문이다. 은성수 당시 금융위원장은 2020년 송년 기자간담회에서 "코로나 만기 연장으로 부실이 이연되는 것 아니냐는 지적이 나오는 만큼, 금융 지주나 은행들에 그런 부분을 생각해 충당금을 쌓고, 배당을 자제해달라고 봄부터 이야기했다"라고 말했다.

이번 연도의 배당은 전년도 배당과는 별개다. 2020년 배당주 후보에 은행주를 포함하지 않았다고 해서 2022년에도 은행주를 제외하는 것은 아니다. 과거의 배당성향, 그리고 해당 연도의 매출액과 영업이익, 그 밖에 고려할 사유 등을 추정해 금년도의 예상 배당금을 산출해본 후 투자를 해야 한다.

9

생활의 발견

오로지 실적

1990년대는 우리 주식 시장에 여러 가지 혁명적인 변화가 몰려오던 시기였다. 그 단초를 제공한 것은 외국인에 대한 주식 시장 개방이었다. 1992년부터 외국인 직접 투자가 허용된 후 한국 증시는 종전과는 다른 모습을 보이게 된다. 이전에는 루머나 재료가 투자 기준이었는데, 외국인에게 주식 시장이 개방된 후부터는 이른바 가치 투자가 자리를 잡는 계기가 되었다. 그전까지는 간과하던 PER이라던가 PBR 같은 지표들을 투자자들이 중요하게 생각하게 된 시기가 이때부터다.

1992년 이전에는 업종별로 주가가 움직였다. 예를 들면, 중동 건설 붐이 한창일 때 어느 건설사 회장이 중동으로 출국했다는 루머가 돌면 모든 건설주가 다 오르는 식이었다. 하지만 1992년부터는 업종이 아닌 종목들이 움직이기 시작했다. 그 변화의 중심에는 PER이 있었다. 외국인들이 우리나라 주식 시장에서 처음으로 적용하기 시작한 지표가 PER이었고, 대표적인 저PER주로 '한국이동통신서비스(지금의 SK텔레콤)'을 지목했다. 그래서 '한국이동통신서비스'가 주당 4만 원 수준에서 상승을 시작해서 400만 원까지 상승하게 되었다. 태광산업도 대표적 저PER 종목으로 지목되었는데, 그 당시 PER이 1밖에 되지 않았으니 현재의 관점에서 보면 당연한 이야기일 것이다. PER이 1이라는 의미는 1년 만에 시가총액에 해당하는 돈을 벌어들인다는 것이다. 즉, 누군가가 태광산업을 인수하면 1년 만에 투자금을 모두 회수한다는 것과 같은 의미다. 아마도 PER이 1밖에 안 되는 주식을 그대로 방치한 우리나라 주식 투자자들이 외국인의 눈에는 이상해 보였을 것이다.

PER에서 시작한 주식의 혁명적 변화는 PBR로 이어졌고, 1994년에는 블루칩으로 그 불길이 옮겨붙었다. 그 당시 우리나라의 대표적

자료 2-26. 포스코의 월봉(1993~1994년)

출처 : 네이버 금융

자료 2-27. 삼성전자의 월봉(1993~1994년)

블루칩 주식은 삼성전자와 포스코였다. 포스코의 1993년 최저가는 17,767원이었는데, 1994년에는 최고가가 85,174원이었다. 1년 반 만에 무려 379%가 상승했다.

삼성전자도 1993년에 최저가가 302원이었는데, 1994년에는 최고 1,597원까지 상승해서 약 1년 만에 429%가 상승했다. 그 후로도 두 종목은 꾸준히 상승해 포스코는 2007년 10월에 765,000원까지 상승했다. 하지만 이때를 기점으로 포스코와 삼성전자의 움직임이 방향을 달리하게 된다.

자료 2-28. 포스코의 월봉(2007~2016년)

출처 : 네이버 금융

포스코는 765,000원의 최고점을 찍은 후 하락을 시작해 2016년 1월에는 155,500원까지 하락해 고점 대비 80%가 하락했다. 2021년 12월 현재 약 28만 원 수준이지만, 765,000원의 고점 대비 여전히 63%가 하락한 상태다. 삼성전자는 2007년 최저가가 8,060원이었다. 그 이후 주가가 꾸준히 우상향해 2016년에는 최대 36,600원까지 상승했다. 포스코는 80%가 하락했지만, 비슷한 시기에 삼성전자는 반대로 354%가 상승했다.

자료 2-29. 삼성전자의 월봉(2007~2016년)

출처 : 네이버 금융

자료 2-30. 삼성전자와 포스코의 주가 상승 및 하락

구분	1993년 → 1994년	2007년 → 2016년
포스코	379% 상승	80% 하락
삼성전자	429% 상승	354% 상승

한때 주식 시장을 호령했던 우리나라의 대표 블루칩 두 종목 중 하나는 지속 상승을 했는데, 나머지 하나는 80%나 하락을 한 이유는 무엇일까? 그 이유는 단 하나, 실적 때문이다. 삼성전자는 꾸준히 좋은 실적을 냈지만, 포스코는 그러지 못했다는 것이다. 주식이 상승하고 하락하는 이유는 여러 가지가 있다. 하지만 장기적인 관점에서 봤을 때 주가를 움직이는 요인은 단 하나다. 바로 실적이다. 실적이 좋아서

이익을 많이 내면 주가는 상승하고, 실적이 악화되어 이익의 규모가 축소되면 주가는 하락한다. 그 외에 다른 요인은 거의 없다고 봐도 무방하다.

자료 2-31. 포스코의 손익

포스코	2007년	2015년	2016년
매출액	31조 6,000억 원	58조 2,000억 원	5조 1,000억 원
영업이익	4조 9,000억 원	2조 4,000억 원	2조 8,000억 원
당기순이익	3조 7,000억 원	(1,000억 원 적자)	1조 원

자료 2-32. 삼성전자의 손익

삼성전자	2007년	2015년	2016년
매출액	98조 5,000억 원	200조 7,000억 원	201조 9,000억 원
영업이익	9조 원	26조 4,000억 원	29조 2,000억 원
당기순이익	7조 2,000억 원	19조 원	22조 7,000억 원

자료 2-31을 보면 2007년 4조 9,000억 원이던 포스코의 영업이익이 2015년에는 2조 4,000억 원으로 줄었고, 2007년 3조 7,000억 원이던 순이익도 2015년에는 적자로 돌아섰다가 2016년에는 1조 원으로 축소되었다.

반대로 자료 2-32를 보면 삼성전자는 2007년 9조 원이었던 영업이익이 2015년에는 26조 4,000억 원으로 늘어났고, 2016년에는 29조 2,000억 원으로 증가했다. 순이익도 2007년 7조 2,000억 원에서 2015년에는 19조 원으로, 그리고 2016년에는 22조 7,000억 원으로 증가했다. 포스코는 실적이 악화했기 때문에 주가가 80%나 하락한 것이고, 삼성전자는 실적이 좋아져서 주가가 354%나 상승한 것이다.

주식 시장에는 금과옥조로 여겨지는 여러 가지 격언들이 있다. 예를 들면, "수급이 재료에 앞선다", "정부 정책에 맞서지 마라"와 같은 말에 이의를 제기하는 투자자들은 거의 없다. 하지만 이런 격언들은 트레이더들이나 단기 투자자들에게 맞는 말이다. 장기 투자자들은 이런 격언을 무시해야 한다. 어떤 회사의 주가가 궁극적으로 상승하고 하락하는 단 하나의 요인은 실적이다. 다른 요인을 볼 필요가 없고, 회사의 미래 실적이 좋을 것인지만 판단하면 된다는 것이다. 미래의 실적을 달리 표현하면 성장성이다. 성장성이 좋다는 의미는 향후 회사가 크게 성장해서 실적이 좋아진다는 것과 같은 의미다. 요즘 성장주가 주목받는 이유도 여기에 있다. 앞에서 본 포스코의 주가가 하락한 이유는 실적이 악화했기 때문이지 수급 때문이 아니다. 삼성전자의 주가가 장기 우상향을 한 이유도 실적이 좋아졌기 때문이지 수급이 좋아졌기 때문은 아니다.

하지만 성장성 또는 미래의 실적이라는 것이 그리 간단하지는 않다. 예를 들어보자. 향후 내연기관차가 전기차로 교체되는 것은 확정된 미래라고 볼 수 있다. 그러면 2차전지를 만드는 회사들의 미래는 밝을까? 꼭 그런 것만은 아니다. 이는 과거 반도체의 사례를 보면 알수 있다. 1980년대 후반 차세대 산업을 이끌어갈 핵심 산업으로서 반도체의 성장성을 의심하는 사람은 없었다. 그런 관점에서 볼 때, 많은 투자자는 반도체 분야의 1위 업체에 장기 투자를 하는 것이 가장 훌륭한 투자라고 생각했을 것이다. 그럼 1989년, 글로벌 반도체 회사의 매출 순위를 보자.

자료 2-33. 반도체 회사의 매출액 순위

구분	1989년	2009년	2013년
1	NEC	Intel	Intel
2	Toshiba	Samsung	Samsung
3	Hitachi	Toshiba	Qualcomm
4	Motorola	TI	Micron
5	TI	St Micro	SK Hynix
6	Fujitsu	Qualcomm	Toshiba
7	Mitsubishi	Hynix	TI
8	Intel	Renesas	Broadcom
9	Matsushita	AMD	St Micro
10	Phillips	Infineon	Renesas

1989년 세계 1위의 반도체 회사는 NEC였고, 2위는 도시바, 3위는 히타치였다. 삼성전자는 순위에도 없었다. 그렇다면 그 당시 일본 반도체 회사에 장기 투자를 했으면 어떻게 되었을까? 아마도 쪽박을 찼을 것이다. 그로부터 20년이 지난 2009년의 순위를 보면 NEC와 히타치는 사라졌고, 3위의 도시바만 명맥을 유지하고 있다. 대신에 인텔과 삼성전자가 이들 업체를 제치고 1위와 2위로 도약했음을 알 수 있다. 그로부터 4년이 지난 2013년에는 도시바가 퀼컴, 마이크론, SK하이닉스에도 순위가 밀려 6위로 하락했다. 이렇듯 산업이 성장한다고 할지라도, 그 혜택이 그 분야의 리딩 업체에 반드시 돌아가는 것은 아니다. 특히 어떤 산업이 초창기일 경우에는 기술의 변화가 심하고 업체들이 시장에 완전히 정착한 상태가 아니므로 회사의 부침이 심하다. 예를 들면, 인터넷산업이 막 태동했을 때 미국에서 비행기를 타신 분들은 모두 다 AOL(American On Line)의 CD를 다 받았을 것이다. AOL의 프로그램을 다운받을 수 있는 CD를 미국의 모든 비행기에서 공짜

로 나눠줬었다. 그 당시 AOL의 기세는 막강했지만, 지금은 거의 흔적도 없다. 인터넷 초창기 미국의 검색 1위는 야후였고, 우리나라의 1위는 다음 커뮤니케이션이었다. 하지만 초창기 선도 업체들의 존재감은 이미 사라진 상태이고, 지금은 구글과 네이버가 그 위치를 차지하고 있다. 산업이 초창기일 때의 순위는 나중에 뒤집히는 경우가 많다. 지금은 2차전지 산업이 막 성장하기 시작하는 초기다. 지금의 2차전지 1등 기업이 미래에도 1등 기업이 된다는 보장은 없다. 따라서 2차전지의 향후 전망이 밝다고 현재의 1등 기업에 장기 투자를 하겠다는 생각은 위험하다.

장기 투자를 하는 종목은 그 변화를 끊임없이 확인해야 한다. 하지만 기술 관련 주식은 일반 투자자가 그 변화를 좇아가기가 쉽지 않다. 시간과 지식이 허락하는 사람들은 기술주의 변화를 따라가면서 지속해서 공부할 수 있을 것이다. 그렇게 한다면 높은 수익이 가능할 것이다. 하지만, 일상의 업무에 바쁜 개인 투자자가 그렇게 하기는 쉽지 않다. 그런 관점에서 볼 때, 개인 투자자들이 장기 투자를 하기 좋은 종목은 생활 속에서 직접 느낄 수 있는 종목이 좋다. 전설적인 펀드 매니저인 피터 린치(Peter Lynch)는 출근길마다 던킨도너츠 앞에 사람들이 줄을 길게 서 있는 것을 보고 던킨도너츠에 관해 조사한 후 투자를 했다. 그래서 10~15배의 수익을 올렸다. 또한, 딸과 함께 쇼핑 갔을 때 딸이 가장 먼저 더바디숍 매장으로 달려간 것을 보고 더바디숍에 대해 조사를 했고 큰 수익을 올렸다. 피터 린치는 이를 '생활 속의 발견'이라고 했다. '생활 속의 발견'은 개인 투자자들이 좋은 주식을 발견하고, 수익을 내기 가장 쉬운 방법 중 하나라고 생각한다.

주식을 사려면 마트에 가라

'생활 속의 발견'을 가장 잘 설명해주는 책이 크리스 카밀로(Chris Camillo)의 《주식을 사려면 마트에 가라》다. 카밀로는 단지 지인들과 자주 소통하고, TV를 시청하며, 잡지를 읽고, 정기적으로 외식을 하며, 쇼핑하거나, 인터넷 쇼핑을 즐기기만 하면 훌륭한 주식 투자자가 될 수 있다고 말한다. 사람들이 특정 게임에 빠지면 그 게임회사를 조사하고, 딸이 특정 신발을 사달라고 조르면 그 신발회사를 조사하면 훌륭한 주식 투자자가 될 수 있다고 한다. 카밀로는 이 책에서 자신이 주식을 선택했던 몇 가지 사례를 소개하고 있다.

2007년 7월 4일, 카밀로는 독립기념일을 맞이해 수영장 파티를 열고 있었는데, 파티에 참석한 몇몇 친구가 신형 아이폰을 가지고 있었다. 카밀로는 친구의 아이폰을 5분 정도 만져본 후 이 제품이야말로 진정 위대한 발명품이라고 확신하게 되었다. 그런데 혼자만 그렇게 느낀 것이 아니었다. 파티에 참석했던 모든 사람이 똑같은 생각을 하고 있었다. 파티에 참석했던 친구들 대부분은 아이폰을 구매할 계획이 없었던 사람들이었지만, 이제는 아이폰을 구매할 것인지를 고민하는 것이 아니라, 언제 구매할 것인지를 고민하는 처지로 바뀌었다. 카밀로가 관찰한 이 현상은 친지들, 친구들, 직장 동료들에게서도 발견할 수 있었다. 주위의 반응이 이 정도이면 애플의 주식에 대해 알아봐야 한다는 것이 그의 생각이다.

카밀로가 또 하나 자랑스럽게 내세우는 성과가 닌텐도에 투자한 경우다. 그는 동생 생일을 맞아 LA에서 열리는 E3 비디오게임 콘퍼런스를 참관했다. 그 당시 게임업계 종사자들은 조만간 출시될 소니 PS3, 마이크로소프트의 Xbox360 게임기에 큰 기대를 하고 있었지만, 실제로 행사에 참석한 일반 게이머들의 관심을 끈 게임기는 닌텐도의 Wii 였다. E3 비디오게임 콘퍼런스를 참관했던 카밀로나 일반 게이머들은 Wii를 사용해본 뒤 게임기의 미래는 소니나 마이크로소프트의 제품이 아니라 닌텐도의 Wii라는 것을 직감할 수 있었다. 결국, Wii는 전 세계적으로 7,000만 대가 팔렸고, 월간 판매량 신기록을 세웠다. Wii 출시 이후 2년 동안 닌텐도의 주가는 15달러에서 70달러로 상승했다.

카밀로가 말하는 주요 포인트 중 하나는 전문가들의 견해에 너무 집착하지 말라는 것이다. 애플의 아이폰이 나온 후 수많은 핸드폰 전문가 또는 증권사 애널리스트들이 아이폰에 대해 혹평을 했으며, 닌텐도의 Wii도 마찬가지였다는 것이다. 아이폰이 쿨한 제품인 것은 맞지만, 가격이 너무 비싸 소비자들이 외면할 것이라는 주식 전문가들의 견해가 많았다. 또한, 얼리어답터들이나 아이폰에 열광하는 것이지, 이들을 대상으로 한 판매가 끝나면 아이폰의 판매실적은 급전직하할 것이라는 견해도 넘쳐 났다. 닌텐도의 Wii도 소니나 마이크로소프트의 신형 게임기보다 그래픽을 처리하는 기술이 뒤떨어졌기 때문에 큰 매력이 없다는 견해가 게임 관련 언론들이나 증권사 애널리스트 사이에서 만연했다.

전문가라는 사람들을 신뢰하기 어려운 이유는 실제 소비자들의 의견을 청취하지 않은 채 머리에서 떠오르는 생각을 이야기하기 때문이다. 예를 들어보자. 2007년 미국의 9개 교향악단들은 고객 이탈을 고심하고 있었는데, 평균적으로 교향악단 관객의 55%가 다음 해가 되면 다른 사람으로 바뀌고, 생전 처음 콘서트를 보러 온 관객들은 무려 91%가 이탈한다는 수치가 나왔다. 교향악단은 관객의 주요 이탈 원인을 음악에서 찾으려고 했다. 예를 들면 대중에게 낯선 음악 위주로

프로그램이 구성되어 관객들이 외면하므로 향후 대중적인 곡도 연주해야 한다는 것과 같은 것이다. 하지만 관객들에게 직접 조사를 한 결과, 대중 이탈의 핵심 원인은 의외로 '주차 문제'였다. 주차가 불편했기 때문에 관객의 이탈률이 높았던 것이다. 주차는 지금까지 어떤 교향악단도 신경 쓰지 않았던 문제다. 만약 관객들에게 직접 물어보지 않았다면, 주차문제가 고객 이탈의 주요 원인이라는 사실을 영영 알아내지 못했을 것이다.

맥도날드가 밀크셰이크의 판매량을 높이기 위해 마케팅 전략을 고심한 적이 있다. 고객들이 선호하는 맛을 구현하면 판매량이 늘어날 것으로 생각한 것이다. 하지만 여러 가지 노력에도 불구하고 밀크셰이크의 판매량은 증가하지 않았는데, 그 이유를 제럴드 버스텔(Gerald Berstell)이라는 사람이 밝혀냈다. 고객들은 밀크셰이크를 주로 아침 출근 시간에 많이 구매했는데, 출근을 위해 운전하는 동안 허기와 무료함을 달래기 위해 밀크셰이크를 구매한다는 것이다. 즉, 커피는 뜨겁고, 프렌치프라이는 기름이 많아 불편하며, 햄버거는 먹는 데 집중하다 보면 사고가 날 수 있다는 것이다. 밀크셰이크는 옷이나 운전대를 더럽히지 않고 운전을 방해하지도 않았다. 그래서 소비자들이 출근길에 밀크셰이크를 선호한 것이었다. 결국, 핵심은 맛이 아니었다. 아침 출근길의 운전자들이 좋아하는 밀크셰이크를 만드는 것이 판매량 증가의 핵심이었다. 만약 제럴드 버스텔이 밀크셰이크를 직접 구매하는 사람들을 대상으로 조사를 하지 않았다면 밀크셰이크의 판매량을 늘리기는 어려웠을 것이다. 이와 관련해 경영학자 헨리 민츠버그(Henry Mintzberg)는 "사무실에 가만히 앉아 전략을 멋대로 예측하거나, 실제 상품과 고객을 접촉하지 않고 전략을 결정하는 것은 매우 위험한 일이다"라고 말한 바 있다.

넷플릭스도 좋은 예다. 넷플릭스는 샌프란시스코 지역에서만 유독 침투율이 높았다. 미국의 다른 지역에 비해 2배 정도 높은 수치였다. 넷플릭스의 CEO인 리드 헤이스팅스(Reed Hastings)는 그 이유를 알고 싶었다. 임직원들 사이에서 여러 가지 그럴듯한 설명이 나왔다. 예를 들면, 샌프란시스코 지역은 첨단기술자들이 많이 사는 만큼 온라인 쇼핑에 매우 익숙해서 침투율이 다른 지역보다 높다는 것이다. 하지만 헤이스팅스는 소비자에게 그 이유를 직접 물어보는 것이 가장 정확하다고 생각했다. 설문 결과는 너무 예상 밖이었다. 유통센터가 샌프란시스코 지역에 있었기 때문에 배송이 빨랐고, 그 이유로 샌프란시스코 지역의 침투율이 높았던 것이다. 만약 소비자를 대상으로 한 설문 조사가 없었다면, 넷플릭스는 샌프란시스코 지역의 침투율이 높았던 진짜 이유를 찾아내지 못했을 것이고 엉터리 처방을 내렸을 것이다. 그 후 넷플릭스는 미국 전역에 유통센터를 건립해 배송 속도를 높였고, 이것이 높은 침투율로 연결되어 넷플릭스가 본격 성장궤도에 진입하게 되었다.

카밀로는 아이폰의 사용자 및 잠재적 사용자들을 직접 조사했었고, 또 닌텐도 Wii를 사용해본 경험자를 직접 조사해서 투자를 결정한 것이다. 반면 증권가의 애널리스트들은 소비자들을 조사한 결과를 근거로 의견을 밝히기보다는 자기 생각을 말한 것에 불과할 가능성이 크다. 그런 관점에서 나는 전문가의 말만 너무 신뢰하지 말고 주위의 반응을 관찰하라는 카밀로의 의견을 지지한다.

10

펀드의 선택 기준

생각에 관한 생각

고전경제학에서는 사람들이 이익과 손실을 계산해 자신의 이익을 극대화하는 경제적 선택을 한다고 가정한다. 즉, 인간은 합리적 존재라는 것이다. 좀 거창하게 말하자면, 고전경제학은 행동의 결과가 불확실한 상황에서 경제주체의 합리적인 판단은 결과에 관한 효용 기대치에 입각해 이뤄진다는 '기대효용이론(Expected Utility Theory)'에 기반을 둔다.

하지만 개개인이 자신의 행동을 돌아보면 꼭 그렇지 않다는 것을 어렵지 않게 알 수 있는데, 이를 실험으로 밝혀낸 사람이 대니얼 카너먼(Daniel Kahneman)과 아모스 트버스키(Amos Tversky)다. 이들의 실험 결과는 주류 경제학에 큰 충격을 줬고, '행동경제학'이라는 새로운 학문의 출발점이 되었다. 이 공로로 대니얼 카너먼은 심리학자로는 최초로 노벨 경제학상을 2002년에 수상했다. 만약 트버스키가 살아 있었다면 노벨상을 공동으로 수상했겠지만, 애석하게도 그가 1996년에 사망하는 바람에 노벨상을 받지 못했다. 참고로, 노벨상 수상자를 결정하는 데는 두 가지 원칙이 있는데, 첫 번째는 수상자가 생존해 있어야 한다. 노벨상을 충분히 받을 수 있었지만 아쉽게도 일찍 사망해 수상하지 못한 대표적인 분이 헨리에타 리비트(Henrietta Leavitt)다. 그녀의 가장 큰 업적은 1912년에 우주의 거리를 재는 잣대를 발견했다는 것이다. 1925년 스웨덴 과학 아카데미에서 그녀를 노벨상 수상자 후보로 올리고 싶다는 내용의 편지를 보냈지만, 그녀는 이미 3년 전에 암으로 사망한 상태였다. 우리나라의 이휘소 박사도 교통사고로 사망하지만 않았다면 노벨상을 받았을 것이다. 이휘소 박사는 우리나라에서 가장 머리가 좋은 사람으로 평가받고 있는데, '원자폭탄의 아버지'라 불리는 오펜하이머(Oppenheimer)는 "내 밑에 아인슈타인(Einstein)도 있었지만, 이휘소가 더 뛰어났다"라는 말을 했다고 한다.

두 번째는 수상자가 최대 3명을 넘지 않는다는 것이다. 2013년 노벨 물리학상은 힉스입자의 존재를 예견한 2명의 물리학자에게 돌아갔다. 피터 힉스(Peter Higgs)와 프랑수아 엥글레르(Francois Englert)다. 힉스입자와 관련해서 노벨상 위원회 측이 주목한 논문은 3편이었다고 한다. 그중 한편은 힉스가 단독 저자였기 때문에 수상자로 선정되었고, 엥글레르의 논문은 공동저자였지만, 엥글레르가 유일한 생존자였기 때문에 자연스럽게 수상자로 선정되었다. 그리고 또 한 편의 논문이 있었는데, 그 논문의 저자는 2명이었고 모두 생존해 있었다고 한다. 그래서 노벨상 위원회 측에서 둘 중 1명이 양보를 하라고 했지만, 둘 다 양보하지 않겠다고 해서 결국 2명 다 수상자에서 제외했다는 것이다. 수상자는 최대가 3명이기 때문이었다.

다시 본론으로 돌아와서, 대니얼 카너먼이 쓴 책 중에 《생각에 관한 생각》이 있다. 이 책에는 아주 흥미로운 사례들이 많이 나오는데, 그중에서 가장 재미있었던 연구 중 하나가 뉴욕의 택시 운전사였다. 비가 오는 날에는 택시를 타려는 손님들이 많고, 날씨가 화창한 날에는 택시를 타려는 손님들이 줄어든다. 그러면 택시 운전사 입장에서는 경제적 이익을 극대화하기 위해 비 오는 날, 즉 손님이 많은 날은 밤 늦게까지 일해야 하고, 반대로 화창한 날, 즉 손님이 없는 날은 일찍 일을 마치고 집에 가야 한다. 하지만 실제 택시 운전사들은 반대로 행동을 한다는 것이다. 비 오는 날에는 손님이 많아서 목표를 빨리 달성하니까 일찍 집에 들어가고, 화창한 날에는 목표를 달성하지 못하니까 손님이 없는 거리를 늦게까지 빈 차로 헤매고 다닌다는 것이다. 주식 투자자들도 마찬가지다. 매도할 때는 별 볼 일 없는 종목을 먼저 매도하고, 유망한 종목은 남겨놔야 수익을 극대화할 수 있는데, 유망할지라도 수익이 난 종목을 먼저 매도한다. 결국, 인간은 합리적으로 행동하지 않는 존재라는 것이다.

이 책에 나오는 에피소드를 하나 더 소개하겠다. 카너먼 박사는 이스라엘에서 비행 교관들을 상대로 강의를 한 적이 있었는데, 강의의 내용은 잘못한 사람을 벌하기보다는 잘한 일에 상을 주는 것이 더 효과적이라는 것이었다. 그러자 교관 1명이 손을 들더니 반론을 제기했다. 고난도 훈련을 잘 수행한 생도들을 칭찬하면 다음번에는 오히려 못하고, 반대로 성과가 좋지 못한 생도를 야단치면 다음에는 더 잘한다는 것이다.

그러자 카너먼 박사는 바닥에 목표 지점을 표시한 후 강의를 듣던 교관들을 앞으로 불러내서, 목표 지점을 보지 말고 뒤돌아서서 동전 2개를 연이어 던지라고 요청했다. 그리고 동전들과 목표 지점 사이의 거리를 측정한 후 칠판에 각 교관이 던진 2개의 동전과 목표 지점과의 거리 차이를 적었다. 대체로 처음에 가장 목표에 가까이 동전을 던졌던 교관들은 대부분 두 번째 동전은 첫 번째보다는 잘 던지지 못했고, 처음에 잘 던지지 못했던 교관들은 두 번째 던질 때는 처음보다 목표 지점에 더 가깝게 던졌다. 카너먼 박사는 이를 '평균에의 회귀'라고 했다.

교관들의 동전 던지기 실력은 비슷하다. 그래서 첫 번째 동전을 목표 지점에 가장 가깝게 던졌던 사람은 두 번째는 첫 번째보다는 목표 지점에서 멀어졌고, 반대로 첫 번째 동전을 목표 지점에서 가장 멀리 던졌던 교관은 그다음 번에는 첫 번째보다는 잘 던졌다. 즉, 동전 던지기를 여러 번 하면 모두 비슷한 성적을 낸다는 것이다.

평균에의 회귀

다음은 고담 캐피탈의 설립자인 조엘 그린블라트(Joel Greenblatt)가 쓴 《주식 시장을 이기는 큰 비밀》이라는 책의 내용이다. 지난 10년 동안 수익률 상위 25% 집단에 속하는 펀드 매니저들을 살펴보면, 이들 중 95%가 적어도 3년 정도는 하위 50%에 속해 있었다. 심지어 이들 중 79%는 하위 25%에 속해 있었고, 무려 47%가 하위 10%에 속했다. 다시 말하면, 현재 최고의 수익률을 자랑하는 매니저들도 수익률이 형편없었던 시기가 있었다는 것이다. 이는 "평균에의 회귀" 때문에 발생하는 현상이다.

펀드 매니저들도 처음에 좋은 성적을 내면 나중에는 처음보다는 더 저조한 성적을 낼 가능성이 크고, 처음에 좋지 않은 성적을 내면 나중에 점점 더 좋은 성적을 낼 가능성이 커진다. 펀드 매니저들의 실력이 비슷하기 때문이다. 그러므로 결국 펀드를 오래 운영하다 보면 모두 평균적으로 비슷한 성적을 내게 된다.

대형 기관 투자자들이 펀드 매니저를 선택할 때는 최근 수익률을 기준으로 삼는다. 그리고 시장 평균보다 낮은 수익률을 기록한 펀드 매니저들에게는 투자 자금을 회수한다. 그런데 대형 기관 투자자들이 펀드 매니저들을 교체한 후 몇 년간의 수익률을 따져봤더니, 새로 고용한 펀드 매니저들은 시장 평균을 뛰어넘지 못한 반면, 해고당한 펀드 매니저들은 시장 평균을 훨씬 상회한 것으로 드러났다. 역시 '평균에의 회귀' 때문이다.

또 다른 문제점

그리고 또 하나의 중요한 문제점이 있다. 좋은 성과를 낸 펀드 매니저에게는 돈이 점점 더 많이 들어오기 때문에 펀드의 규모가 커진다. 그러면 수익률이 높을 것으로 예상하는 중소형주의 비중이 줄어들고, 대형주 위주로 펀드를 구성할 수밖에 없다. 그렇게 되면 펀드의 수익률은 시장 평균 수익률에 점점 더 가까워진다. 펀드 매니저가 고수익을 올린 비결은 다른 펀드와 뭔가 차별화된 전략이 있었기 때문이다. 하지만 이런 차별 포인트를 만들어줬던 중소형주 투자나 특수상황에 맞는 투자를 하기에는 이미 펀드의 규모가 너무 커져서 과거의 전략을 고수할 수 없다. 운영자금의 규모가 커지면 인덱스를 능가하는 수익률을 내기가 더 어려워진다. 그래서 워런 버핏은 "큰 규모의 펀드를 운용하지 않는 것이 구조적으로 이득이 된다. 나는 100만 달러를 투자해서 매년 50%의 수익률을 낼 수 있을 것으로 생각한다. 아니, 그럴 수 있다. 이는 내가 보장한다"라고 '비즈니스 위크'와의 인터뷰에서 밝힌 바 있다.

인덱스 펀드 vs. 액티브 펀드

1998년 11월을 기준으로 펀드 수익률에 대한 조사를 한 결과에 관한 글을 읽은 적이 있다. 미국 액티브 펀드의 90%가 시장수익률을 하회했는데, S&P500지수보다 무려 14%나 낮았다고 한다.

주식 투자자라면 워런 버핏과 헤지펀드 간의 내기에 대해 알고 있을 것이다. 내기의 내용은 '2008년부터 10년간 인덱스 펀드와 액티브 펀드 중 누가 더 높은 수익률을 낼 것인가?'였다. 워런 버핏은 '뱅가드 S&P 인덱스 펀드'에 투자했고, 헤지펀드는 5개의 액티브 펀드에 나눠서 투자를 했다. 아마도 다들 아시다시피 결과는 워런 버핏의 승리였다. 인덱스 펀드의 수익률은 연평균 7.78%였고, 액티브 펀드는 연평균 2.2%였다. 왜 액티브 펀드는 인덱스 펀드의 수익률을 따라갈 수 없을까?

첫째, 수수료다.

액티브 펀드의 수익률이 인덱스 펀드의 수익률보다 못하다는 것은, 액티브 펀드의 매니저가 운용을 잘 못 한다는 뜻이 아니라, 액티브 펀드의 수수료가 너무 많다는 것이다. 다시 말하자면, 수수료 때문에 액티브 펀드가 인덱스 펀드를 넘어설 수 없다는 것이다. 만약 10억 원을 투자해서 액티브 펀드는 10%의 수익을 내고, 인덱스 펀드는 7%의 수익을 올렸다고 가정해보자. 표면적으로는 액티브 펀드의 승리다. 하지만 정말로 그럴까?

자료 2-34에서 보다시피, 인덱스 펀드가 7%의 수익을 올리고, 액티브 펀드가 10%의 수익을 올려도, 투자자가 수령하는 실제 금액은 인덱스 펀드가 더 많다. 물론 미국의 경우이지만, 펀드 매니저가 가져가는 수수료가 매우 많아서 웬만해서는 액티브 펀드의 수익률이 인덱스 펀드를 앞설 수 없다는 것이 워런 버핏이 말한 핵심이다. 그래서 투자에 대해 잘 모르는 아내를 위해 2013년 미리 작성해둔 유서에서 "내가 죽으면 전 재산의 90%는 S&P500을 추종하는 인덱스 펀드에, 10%는 채권에 투자하라"는 유언을 워런 버핏이 남긴 것이다.

자료 2-34. 인덱스 펀드와 액티브 펀드의 비용구조 비교

구분	인덱스 펀드 (뱅가드 인덱스 펀드)	액티브 펀드
원금	1억 원	1억 원
수익	700만 원	1,000만 원
비용구조	수수료 연 0.02%	수수료 연 3% + 인센티브(수익의 10%)
비용	2만 원	400만 원
실제 수익	688만 원	600만 원

둘째, 포트폴리오다.

펀드 매니저들의 실적을 평가하는 가장 중요한 요소는 지수 대비 아웃퍼폼(outperform)을 했는지의 여부다. 우리나라에서는 KOSPI가 기준이 될 것이고, 미국에서는 S&P500이 기준이 될 것이다. KOSPI나 S&P500 대비 성과가 좋으면 실력 있는 펀드 매니저이고, 그렇지 않으면 형편없는 펀드 매니저로 평가된다. 예를 들어, 소신이 있고 실력도 있는 펀드 매니저가 있다고 가정해보자. 그래서 자신이 소신껏 포

트폴리오를 구성했다. 하지만 아무리 좋은 주식으로 포트폴리오를 채웠다고 할지라도 수익률이 곧바로 오르는 경우는 거의 없다. 시간이 걸린다. 그렇지만 만약 몇 달 동안 성과가 좋지 못하면 투자자들은 돈을 인출할 것이고, 회사에서는 펀드를 빼앗아 다른 펀드 매니저에게 넘길 것이다. 결과적으로 펀드 매니저는 일자리를 잃고 회사에서 쫓겨날 수도 있다.

펀드 매니저들은 평가의 기준이 되는 KOSPI나 S&P500에 근접한 수익률을 내야 일단 일자리를 지킬 수 있고, 펀드도 계속 운용할 수 있다. 펀드를 운용해야 그다음도 있는 것이다. 그래서 시장 평균수익률에 근접하는 수익률을 낼 수 있도록 포트폴리오를 구성하는 안전한 전략을 짤 수밖에 없다. 예를 들어, 2020년 말 삼성전자가 크게 상승했을 때 펀드 매니저가 어떤 이유로든 삼성전자를 편입하지 않았다면 아마 멘붕에 빠졌을 것이다. 즉, 1차적으로는 KOSPI나 S&P500과 근접한 수익률이 나오도록 포트폴리오를 짤 수밖에 없으므로 대부분 시장 수익률에서 크게 벗어나지 않는다. 그런데 앞에서 보다시피 액티브 펀드의 수수료는 인덱스 펀드의 수수료보다 훨씬 크다. 액티브 펀드도 결국 인덱스 펀드와 비슷하게 포트폴리오가 구성되어 있는데, 수수료는 훨씬 비싸서 액티브 펀드가 도저히 인덱스 펀드를 추월할 수 없는 것이다.

셋째, 평균에의 회귀다.

피터 린치나 워런 버핏과 같은 특출한 펀드 매니저도 있다. 하지만 대부분은 성과가 다 비슷하다. 단기적으로는 실적이 다를 수 있지만, '평균에의 회귀' 법칙에 따라 펀드 매니저들은 궁극적으로는 비슷한 실적을 낸다.

어떤 펀드를 선택할 것인가?

만약 내가 주식 펀드에 투자한다면, 나는 이전의 실적은 참고하지 않을 것이다. '평균에의 회귀' 법칙을 믿기 때문이다. 대신에 수수료와 펀드 규모를 참조할 것이다. 어떤 한 분야에 특화된 펀드도 마찬가지다. 만약 인터넷 업종에 특화된 펀드를 찾는다면, 인터넷 관련 펀드 중에서 수수료와 펀드 규모를 비교할 것이고, 2차 전지 업종에 특화된 펀드를 찾는다면, 역시 2차 전지 관련 펀드 내에서 수수료와 펀드 규모를 비교할 것이다.

펀드 이름 뒤에 붙는 알파벳이 있다. 1차적으로는 판매수수료 부과 방식에 따라 선취수수료(A), 후취수수료(B), 수수료미징수(C) 등으로 나뉜다. 선취수수료는 펀드에 가입할 때 원금에서 일정 금액을 판매수수료로 미리 차감한 후 나머지 금액을 투자하는 것을 말하고, 후취수수료는 원금 전체 금액을 펀드에 투자하고, 펀드를 환매할 때 원금과 수익금을 합친 금액에서 수수료를 차감하는 것을 말한다. 통상적으로 투자 기간이 짧다면 후취수수료가 유리하고, 투자 기간이 길면 선취수수료가 유리하다. 선취수수료는 원금 기준으로 수수료를 내지만, 후취수수료는 환매금액을 기준으로 하므로 기간이 길고 수익이 커질수록 부담이 커진다. 수수료미징수의 경우, 수수료를 받지 않는 대신 판매 회수 보수가 수수료를 받는 클래스보다 높다. 그렇다 보니 펀드 투자 기간이 3년 이상이 되면 수수료 및 보수 부담이 더욱 커진다.

또한, 펀드 판매 경로에 따라 온라인(e), 오프라인, 온라인슈퍼(s), 직판 등으로 분류한다. 통상적으로 온라인으로 구매하면 판매회사 보수가 오프라인의 절반이다. 그리고 온라인슈퍼는 온라인으로 구매할 때보다 1bp(0.01%) 보수가 가산된다. 온라인 구매가 유리하다는 것이다. 1~2차 클래스에서 추가되는 부분이 또 있다. 개연연금이면 P, 퇴직연금이면 P2, 랩이면 W, 기관이면 F와 같은 것이다. 예를 들어, 메리츠샐러리맨증권자[주식-재간접형]C-Pe라는 펀드는 수수료미징수형이고, 개인연금이며, 인터넷으로 가입하는 상품이다.

펀드에 관한 정보를 찾아보려면, 금융투자협회 홈페이지에서 펀드정보를 클릭하면 된다. 만약 수수료에 대해 알고 싶으면 '판매사별 보수비용'을 클릭해 자료를 찾아보면 된다. 그 외에 간이투자설명서를 찾아보는 것도 좋은 방법이다. 간이투자설명서는 통상 자산운용사 홈페이지에서 제공하며, 금융투자협회 홈페이지에서도 제공한다.

결국, 어떤 펀드를 선택할 것인지는 본인의 투자 목적, 투자 기간, 투자 성향 등을 종합적으로 고려해 수수료가 가장 저렴한 클래스를 선택해야 한다. 그리고 펀드의 규모에 대해 말하자면, 나는 작은 규모의 펀드를 선호한다. 앞에서 말했듯이, 펀드의 규모가 커지면 어차피 시장 수익률 부근에서 맴돌 수밖에 없기 때문이다. 하지만 다른 사람들이 외면하는 규모가 작은 펀드는 우량 중소형주의 비중이 커지므로 시장 평균 이상의 수익을 낼 가능성이 커진다.

3장

디지털 자산

1

디지털 세상의 적기조례

'적기조례(赤旗條例, Red Flag Act)'라는 말을 들어봤을 것이다. 1865년 영국에서 제정되어 1896년까지 약 30년간 시행된 세계 최초의 도로교통법인데, 어리석은 규제로 산업을 고사시킨 대표적 사례로 꼽힌다. 영국에서는 1826년에 세계 최초로 증기버스가 상용화되었다. 증기버스는 그 당시 운송수단인 마차 속도의 2배인 시속 30~40km였으며, 최대 탑승 인원도 28명으로 마차의 2배였지만, 요금은 마차의 절반에 불과했다. 그러자 영업에 큰 지장을 받게 된 마차 업주들이 증기자동차를 규제해달라는 청원을 영국 의회에 끊임없이 넣었다. 여론을 의식한 영국 의회는 증기자동차에 대해 마차보다 10~12배 비싼 통행세를 물렸고, 자동차의 최고 속도를 시내에서는 시속 5마일, 교외에서는 시속 10마일로 제한했다. 이것도 모자라 1865년에는 적기조례를 만들어 증기자동차를 규제했다.

적기조례는 우리말로 '붉은 깃발법'이다. 그 내용을 보면 첫째, 증기자동차의 최고 속도를 시내에서는 2마일, 교외에서는 4마일로 제한했다. 이런 속도는 사람이 걷는 것과 큰 차이가 없다. 둘째, 증기자동차는 반드시 운전수, 기관원, 붉은 깃발을 든 신호수 등 3명이 운행해야만 했다. 신호수는 차량의 60야드 앞에서 걸어가며, 마차나 말이 접근할 때 운전수에게 신호를 보내는 역할을 했다. 마차보다 느린 자동차는 의미가 없는 교통수단이다. 이로 인해 영국의 자동차 산업이 쇠퇴했고, 경쟁국들은 영국의 자동차 기술을 뛰어넘을 기회를 맞게 된다. 영국으로부터 기술자들을 적극적으로 받아들여 기술개발에 나섰고, 그 결과 1885년 독일의 벤츠가 세계 최초로 휘발유 자동차를 발명했다. 독일은 도로까지 확충해 자동차 산업을 주도했다. 미국에서는 1903년에 포드가 등장했다. 적기조례의 사례는 산업에 대한 이해가 부족한 의원들이 여론의 눈치만 보다가 영국의 자동차 산업을 말아먹은 사례다.

자료 3-1. 적기조례의 실제 사례

출처 : http://commons.wikimedia.org

2017년의 우리나라 가상자산 관련 정책을 생각할 때마다 나는 '적기조례'가 떠오른다. 우리나라가 가상자산의 글로벌 금융허브가 될 기회를 스스로 날려버린 매우 아쉬운 시기였다. 2017년에 비트코인의 가격이 치솟자 그 당시 박상기 법무부 장관은 가상자산의 거래를 금지하고 거래소를 폐쇄하겠다고 으름장을 놨다. 그러면서 거래소 폐쇄에 대한 부처 간 이견도 없다는 말까지 했다. 우리는 이 사건을 '박상기의 난'이라고 부른다. 그 후 우리 정부가 가상자산에 대해 지속적인 억압정책을 유지했다는 것은 다 아는 사실이다. 2017년 당시 우리나라에는 세계 1위를 다투는 거래소가 2개나 있었다. 바로 업비트와 빗썸이다. 2017년 당시 세계 1~3위의 거래소는 빗썸(한국), 비트플라이어(일본), 비트파인낸스(홍콩)였다. 그 후 업비트가 생기면서 빗썸을 제치고 1위로 올라섰다. 또한, 우리나라는 관련 산업이 가장 활발하게 태동하는 나라였다. 가상자산 관련 분야에서 리딩 국가로 도약할 기회가 분명히 있었고, 디지털 세상에서 기축통화에 버금갈 만한 영향력을 가진 코인을 보유할 수 있었음에도 정부 관료들의 무지로 이 기회를 허무하게 날렸다.

한번 생각해보자. 지금 세계 1위의 거래소는 바이낸스다. 2021년 여름, 바이낸스US는 3년 이내에 미국 주식 시장에 상장할 계획을 밝혔다. 만약 2017년에 우리 정부가 블록체인과 가상자산의 잠재력을 내다보고, 이 분야를 적극 육성했다고 가정해보자. 그러면 아마도 업비트와 빗썸은 지금의 바이낸스를 뛰어넘는 글로벌 거래소로 성장했을 것이다. 이와 더불어 삼성 SDS와 같은 기술회사나 네이버와 같은 플랫폼 기업들은 글로벌 무대에서 통용되는 디지털 코인을 만들었을 것이다. 거래소와 코인의 조합은 상당한 의미가 있다. 아무리 기술력이 뛰어난 코인을 만들어도 글로벌한 거래소에 상장되지 않으면 의미가 없다. 그런 면에서 한 국가가 글로벌화 된 거래소를 소유해 가상자산을 해외에 유통할 힘을 가진다는 것은 굉장한 이점이 된다. 이는 디지털 자산의 패권 전쟁에 뛰어들 여건이 마련되었다는 뜻이기 때문이다.

예를 들어, 우리나라 IT기업에서 이더리움에 버금가는 좋은 코인을 개발해 글로벌 거래소를 통해 유통한다고 하자. 그러면 해외에서도 우리가 만든 코인을 거래할 것이고, 그 코인은 대표 플랫폼 코인으로 성장할 수도 있다. 그야말로 디지털 세상에서 구글과 같은 플랫폼 역할을 하는 코인을 가지는 것이다. 이는 엄청난 파괴력을 가진 것이다. 하지만 그렇게 되지 못하는 이유는 기술력을 가진 대표 IT기업들이 가상자산을 못마땅해하는 정부의 눈치를 보기 때문이다. 초창기 기회를 놓쳐버린 우리나라의 입장에서는 두고두고 아쉬운 순간일 것이다.

나는 우리가 초기 기회를 놓친 데에는 과학기술부 장관이나 관료들의 탓이 크다고 생각한다. 다른 관료들이야 이 분야에 일자무식일 수 있어도 최소한 과학기술부는 그렇지 않았을 것이기 때문이다. 이들이 타 부서에 가상자산의 미래에 대해 설명을 잘 했어야 했고, 가상자산을 억압하고 보자는 분위기에 눌려 꿀 먹은 벙어리처럼 침묵하지는 말았어야 했다고 생각한다.

스티븐 스필버그(Steven Spielberg)가 연출한 영화 중에 〈링컨〉이 있다. 2012년 작품인데, 이 영화는 그해 아카데미 영화제 최다부문에 후보로 올라 남우주연상과 미술상을 거머쥐었다. 이 영화는 노예해방을 명문화한 수정헌법 13조를 통과시키기 위한 링컨(Lincoln) 대통령의 신념과 노력을 그리고 있다. 이 영화에서 데이빗 스트라탄(David Strathairn)이라는 배우가 연기했던 실존 인물은 윌리엄 수어드(William Seward) 국무장관이다. 1860년 대통령 선거를 위한 공화당 대통령 후보 경선에서 승리가 확실시되던 인물은 링컨이 아니라 수어드였다. 수어드는 10년 넘게 상원의원을 지냈고, 뉴욕 주지사를 두 차례나 했던 인물이다. 이에 반해 링컨은 한 차례 하원의원을 지낸 것 외에는 정치 경력이 일천했다. 그런데도 링컨이 대통령 후보에 당선된 이유는 수어드가 열렬한 노예폐지론자였기 때문이다. 대통령을 배출하기 위해서는 남부의 지지가 필수적이었기 때문에 공화당이 열렬한 노예폐지론자를 내세우는 것은 여러 가지로 부담스러웠다. 그래서 노예폐지론에 덜 적극적이었던 링컨이 대통령 후보가 된 것이다. 수어드는 후에 링컨에 의해 국무장관으로 발탁되었다. 통상적으로는 링컨이 노예폐지론자로 알려져 있지만, 사실 링컨은 노예폐지에는 큰 관심이 없었고, 연방의 유지를 위해 노예폐지를 이용한 측면이 크다. 이는 미국의 역사를 공부해보면 어렵지 않게 알 수 있다.

윌리엄 수어드는 17대 앤드류 존슨(Andrew Johnson) 대통령 시절인 1867년에도 국무장관직을 수행했는데, 러시아로부터 알래스카를 사들일 것을 적극 주장하고 매입을 주도했다. 그 당시 러시아는 크림전쟁에서 영국과 프랑스에 패해 재정적으로 어려움에 부닥쳤고, 이를 타개하기 위해 미국에 알래스카를 팔아넘겼다. 알래스카는 우리나라 국토의 17배, 미국의 5분의 1에 해당하는 거대한 땅이다. 수어드는 720만 달러를 내고 알래스카를 사들였는데, 당시 미국에서는 터무니없이 비싼 가격을 냈다는 여론이 들끓었다. 수어드는 "눈 속에 감춰진 보물들을 보자"라고 적극 설득했지만 여론은 더 악화되었고, 사람들은 알래스카를 '수어드의 아이스박스'라고 비웃었다. 미국 국회도 "극지의 아무 쓸모없는 땅을 비싼 돈을 들여 사들였다"라고 비난했고, 결국 수어드는 국무장관직을 사퇴했다.

하지만, 알래스카의 진가가 나타나기 시작한 것은 그로부터 30년 후다. 대규모 금광과 유전 및 천연가스, 은, 철광석 등이 발견되었다.

주변 바다는 황금어장이었다. 그러자 미국 의회가 수어드에게 "의회에서 당신이 했던 사과를 돌려드립니다. 알래스카는 아이스박스가 아니라 보물창고였습니다"라고 공식적으로 사과했다. 후에 미국과 소련 간에 냉전구도가 형성되었을 때 알래스카는 소련을 공격할 미사일 기지로도 훌륭한 역할을 수행했다.

고위관료는 여론을 무작정 따라가서는 안 되고, 더구나 정치권력의 눈치를 봐서도 안 된다. 지금 욕을 먹고 비난을 받더라도 국가의 이익을 위해 일할 수 있는 관료가 진정한 관료다. 윌리엄 수어드처럼 말이다. 그 당시 과학기술부의 관료들은 가상자산의 잠재력을 알았을까? 몰랐을까? 만약 알았다면 직무유기고, 몰랐다면 무능이다.

마지막으로 재미있는 여담 하나! 러시아가 알래스카를 차지하게 된 가장 중요한 원인 중에 조선의 역할이 있었다면 독자분들이 믿을까? 유럽에서는 중세 초부터 모피의 인기가 하늘에 닿을 정도였다. 특히 검은담비의 모피 가격은 상상을 초월할 정도로 치솟았다. 그 결과 유럽에서 모피동물이 남획되어 씨가 말랐고, 러시아인들은 새로운 모피동물을 찾아서 시베리아를 개척하기 시작했다. 시베리아 진출이 본격화됨에 따라 모피동물들은 빠른 속도로 고갈되었고, 러시아인들은 새로운 모피를 구하기 위해 계속 더 동진할 수밖에 없었다. 마침내 시베리아에서까지 모피동물이 급감하자 이번에는 남쪽으로 내려오기 시작했다. 결국, 청나라의 영토를 점령해 요새를 쌓은 뒤 그곳을 근거지로 모피사냥에 나섰다. 청나라가 러시아 요새를 공격했다가 참패를 하자 조선에 원병을 요청했다. 그래서 조선군이 러시아인들을 격파했고, 그 뒤 러시아인들은 효종 때의 신위 장군이 이끄는 조선군이 두려워 남진을 포기하고 발길을 알래스카로 돌리게 되었다.

2026년에 비트코인은
100만 달러에 이를까?

피델리티 보고서

미국의 자산운용사인 피델리티는 '비트코인에 대한 이해, 역사에서 무엇을 배울 것인가?'라는 보고서에서 2026년에 비트코인 가격이 100만 달러에 달할 것이라는 S2F모델을 소개했다. 플랜B의 S2F모델은 기존 공급량과 새로 공급되는 양의 비율을 토대로 금 등의 가격을 예측하는 모델인데, 2019년 비트코인 가격 추정 모델로 소개된 이후 한동안 정확성을 인정받아 왔다. 정확히는 2021년 10월까지만 해도 족집게처럼 잘 맞춰서 투자자들의 관심을 한 몸에 받았었다. 자료 3-2의 붉은 화살표가 가리키는 지점이 2026년, 비트코인이 100만 달러에 이르는 지점이다. 이 보고서는 피델리티의 글로벌 매크로 부문장인 쥬리엔 티머(Jurrien Timmer)가 작성한 것으로 기관 투자자들에게 공개되었다.

출처 : 피델리티 "비트코인 2026년에 100만 달러"-'Understanding Bitcoin' 기관용 보고서.

티머는 또한 1970년대 금의 움직임과 비트코인의 움직임을 비교하면서 비트코인의 추가상승 여력을 보여주고 있다. 다음의 자료 3-3은 1970년대의 금과 현재의 비트코인의 움직임을 보여주는 그래프인데, 현재의 비트코인은 1973년 11월의 금에 해당한다. 금이 1979년까지 약 8배 정도 가격이 상승했으므로, 만약 비트코인이 계속 1970년대 금의 움직임을 추종한다면, 비트코인도 6년 후에는 40만 달러에는 이를 것이라는 계산이 나온다. 물론 단순한 예측에 불과하다.

Bitcoin vs Gold 1970's
Source: FMRCo, Bloomberg. Weekly Data.
Analog is NOT to scale.

Data source: FMRCo, Bloomberg, Haver Analytics, FactSet. Data as of 07/25/2021. Past performance is no guarantee of future results.

출처 : 피델리티 "비트코인 2026년에 100만 달러"–'Understanding Bitcoin' 기관용 보고서.

　　이렇게 비트코인이 큰 상승을 할지 나는 모른다. 하지만 세계적인
은행의 부문장이 기관 투자자에게 관련 보고서를 보낼 정도면 그럴
가능성이 있다고 봐야 한다. 이 글에서는 만약 비트코인이 그렇게까
지 상승을 한다면 그렇게 되는 이유, 그리고 만약 그 반대라면, 그렇
게 되지 못하는 이유에 관한 생각을 이야기하려고 한다.

긍정적 관점

MMT이론 – 달러의 양적 완화는 계속된다

2020년 민주당 경선에서 관심을 끌었던 경제이론 중에 MMT(Modern Monetary Theory)이론이 있다. 이는 미국 정부가 계속 돈을 찍어내도 재정적자는 크게 문제 되지 않는다는 이론이다. 즉, 적자 지출이 발생하더라도 지출한 비용보다 더 큰 성장을 가져온다는 믿음이고, 바이든 정부가 대규모 경기 부양책과 적극적인 재정정책을 펼치는 근거이기도 하다. 사실 MMT이론에 기반해 수조 달러의 부양책을 펴는 것인지, 아니면 양적 완화를 해야 하는데 그 근거를 MMT에서 찾은 것인지는 모르겠지만, 어쨌든 MMT가 바이든 정부에 영향을 준 것만은 분명해 보인다. 바이든이 대통령에 당선되면서 MMT이론의 추종자인 스테파니 켈튼(Stephanie Kelton) 미국 스토니브룩대 경제학 교수가 바이든의 TF에 합류한 것만 봐도 알 수 있다.

MMT이론의 근간은 케인스주의다. 케인스주의 이론은 다음과 같은 두 문장으로 요약된다.

첫째, 민간 경제는 완전 고용에 도달하지 못할 수도 있다.

둘째, 정부 지출은 경제를 자극해 완전 고용과 불완전 고용의 틈을 메울 수 있다.

따라서 어떤 정부가 양적 완화를 통해 경기를 활성화하기 위한 정부 프로그램을 운영하는 경우, 이 정부는 케인스주의를 따른다고 할 수 있다. 대공황의 어두운 그림자가 드리운 1920년대에 적절한 대책을 내놓는 대신, 인내하고 견디다 보면 결국은 경기가 정상으로 되돌아올 것이라고 국민을 설득하는 정부를 케인스(Keynes)는 강하게 비판했다. 이와 같은 맥락에서 케인스는 1923년에 저술한 《화폐개혁론》에서 다음과 같은 유명한 말을 남겼다.

"장기적으로 우리는 모두 죽는다. 지금 한창 폭풍우가 거세게 몰아치고 있는데 폭풍우가 지나가면 바다는 다시 평온해진다는 말밖에 하지 못하는 경제학자라면 무능하다는 평가를 받아야 마땅하지 않겠는가?"

문제가 있으면 적극적으로 나서서 해결해야 하고, 이런 문제를 해결하는 것이 바로 정부의 정책이라는 것이다.

어쨌든 1933년 대통령에 취임한 프랭클린 루스벨트(Franklin Roosevelt) 대통령은 케인스의 이론에 부합하는 재정획대 뉴딜정책을 폈고, 이 정책은 미국이 대공황의 수렁에서 벗어나는 계기를 만든 것으로 알려졌다. 하지만 사실 미국을 대공황에서 구해낸 것은 뉴딜정책이 아니었다. 뉴딜정책은 실업 문제도 해결하지 못한 채 비용만 많이 들었다. 미국의 경기회복은 루스벨트 취임 직후 실시한 금과 달러에 대한 정책 때문이었다. 루스벨트 대통령은 미국 시민들이 금을 사들여 자산을 축적하고 소비에는 관심이 없다는 사실을 알았다. 그래서 국민의 금 소유를 금지시키면서, 금을 소유한 국민은 금을 재무부에 온스당 20.67달러에 모두 팔도록 했다. 루스벨트 정부는 시장에서도 금을 계속 사들여 금값을 서서히 올렸다. 그는 금의 가격을 인상해 달러를 평가절하할 수 있다는 사실을 알고 있었다. 금이 오르고 달러화가 평가절하되자 다른 모든 것들도 가격이 상승했다. 그래서 디플레이션의 탈피에 성공한 것이다. 금 소유를 금지하는 그의 정책은 사실 금이 아닌 달러화를 겨냥한 정책이었다.

MMT에 반대하는 학자들도 물론 있다. 예를 들면, GDP 대비 부채

비율이 90%가 넘으면 케인스의 승수 이론에 의한 승수가 1 이하로 떨어진다는 것이 라인하트(Reinhart)와 로고프(Rogoff)의 연구다. 승수 이론은 어떤 한 사람의 지출 변화가 시간이 지나면서 눈덩이처럼 불어나 결국에는 국가 지출 전체에 큰 영향을 준다는 것이다. 그런데 이 승수가 1 이하라는 의미는 부채 1달러를 지출하면 1달러 미만의 GDP가 증가한다는 것이다. 즉, 부채 비율이 높아지면 부채를 늘려도 순성장(net growth)이 일어나지 않는다는 것이다.

여기서 내가 논하는 것은, MMT가 올바른 정책이냐, 아니냐가 아니다. 하지만 한 가지 확실한 것이 있다. MMT이론에 근거해 바이든 정부가 적극적 재정정책을 펼치다 보면, 결국에는 비트코인이 주목을 받을 수밖에 없다는 것이다.

달러를 흡수할 새로운 '자산 시장'이 필요하다

2008년 9월, 리먼 사태 이후 미국은 적극적인 재정확대를 근간으로 하는 케인스의 정책을 채택했다. 이를 '케인스의 부활'이라고 부른다. 리먼 사태 때 벤 버냉키 의장은 대규모 양적 완화를 단행했다. 상식적으로 생각할 때 돈을 많이 풀었으면 강력한 인플레이션이 발생해야 한다. 하지만 우려할 만한 수준의 과도한 인플레이션은 발생하지 않고 있는데, 그 이유에 대한 다양한 해석이 있다. 앞에서도 이야기했듯이 생산 원가가 낮은 신흥국으로부터 수입하는 제품의 가격이 저렴한 것도 하나의 이유다. 클라이센의 '아마존 효과'도 또 다른 이유가 될 것이다. 하지만 인플레이션이 발생하지 않는 가장 타당한 해석은 '자산 시장의 발달에 의한 유동성의 흡수'라고 나는 생각한다.

자산 시장이 발달하면 유동성을 흡수하기 때문에 시중의 달러가 실물 시장에 머물러 있지 않고, 주식이나 부동산과 같은 자산 시장으로 흡수된다. 그러면 양적 완화로 풀린 달러가 실물 시장에 미치는 영향이 줄어들기 때문에 인플레이션이 발생하지 않는 것이다. 특히 부동산에 달러가 흡수되는 경우에는 화폐유통속도가 현저히 저하된다. 화폐유통속도가 저하된다는 것은 달러가 도는 속도가 줄어드는 것이고, 이는 시중에 풀린 달러의 양을 축소하는 효과를 가져온다. 반대로 말하자면, 만약 자산 시장에 묶여 있던 돈이 실물 경제로 흡수되면 심각한 인플레이션을 불러올 수도 있다는 것이다. 주식 시장이 버블이라고 경고하는 사람들이 많다. 예를 들면, 영화 〈빅쇼트〉의 실질적 주인공인 마이클 버리(Michael Burry)는 "역사상 가장 큰 버블이 끼었다"라고 경고했고, 베스트셀러 《부자 아빠 가난한 아빠》로 유명한 로버트 기요사키(Robert Kiyosaki)도 그의 트위터에 "인류 역사상 최악의 경제 붕괴가 다가오고 있다"라는 경고 메시지를 반복적으로 남기고 있다.

부동산 버블도 마찬가지다. 2021년 4월, 미국의 S&P 전국주택가격지수가 전년 동월 대비 무려 14.6%가 급등했고, 이는 1987년 관련 통계를 작성한 이래 가장 큰 폭의 상승이라고 한다. 특히 미국의 20대 도시를 중심으로 큰 폭 상승을 했다. S&P지수 외에 다른 지표로도 주택의 과열 양상이 확인되고 있다. 연방주택금융청이 공개한 집값 상승률도 15.7%로 1991년 이래 30년 만에 가장 높았다.

주식이나 부동산이 오를 만큼 올랐다는 것은 누구나 안다. 오르는 것도 언젠가는 끝이 있다. 만약 오를 만큼 올랐다고 생각하는 주식이나 부동산을 사람들이 더는 사지 않는다면, 미국 정부는 달러를 흡수해줄 또 다른 자산 시장을 개발해야 한다. 그래야만 확장적 재정정책을 지속할 수 있는 것이다.

나는 비트코인을 비롯한 암호화폐가 이러한 대안의 자산 시장으로 가장 적합하다고 생각한다. 코인 시장 외에는 마땅한 대안이 없기 때문이다. 달리 표현하자면, 미국 정부 입장에서는 넘쳐나는 달러를 흡수해줄 자산 시장이 필요하므로, 비트코인이 미국의 이해관계에 부합한다는 것이다. 따라서 미국 정부에서도 이 시장을 인정할 수밖에 없는 상황이다. 일단 자산으로 인정을 받게 된다면 비트코인은 상승할 가능성이 크다. 왜 그럴까?

비트코인은 투자 자산으로서의 조건을 갖추고 있다

투자 자산이 되기 위한 조건이 뭘까?

첫째, 내재가치의 측정이 어려우면 투자 자산으로서 유리한 측면이 있다. 예를 들면, 금이나 다이아몬드의 내재가치는 측성이 애매하다. 따라서 높은 가격 형성에 유리하다. 금이 온스당 100달러가 되어도 이상할 것이 없고, 1,000달러가 되어도 이상할 것이 없으며, 10,000달러가 되어도 이상할 것이 없다. 그런데, 예를 들면, 목재 같은 것은 어떨까? 목재로 책상을 만든다고 했을 때, 목재의 내재가치는 장기적으로 책상의 가격을 넘어서지 않는다. 만약 목재 가격이 터무니없이 오른다면 사람들은 다른 자재를 사용해 책상을 만들 것이기 때문이다. 그래서 목재 가격의 상승에는 한계가 있게 된다.

비트코인도 금이나 다이아몬드와 비슷한 속성을 가진다. 1개에 100원이어도 이상할 것이 없고, 100억 원이어도 이상할 것이 없다. 따라서 큰 상승이 가능한 자산이 될 수 있다. 사람들은 비트코인이 내재가치 대비 버블이라고 하지만, 투자 자산은 원래 버블 위에서 가격이 형성된다. 비트코인뿐 아니라 사실상 금도 버블이고, 다이아몬드도 버블이다.

둘째, 해당 자산의 지배자가 있어야 한다. 다시 한번 금과 다이아몬드의 예를 들어보자. 금과 다이아몬드는 모두 생산지와 매장지가 매우 편중되어 있고, 둘 다 구소련 지방과 남아프리카가 압도적 지배력을 가진다. 다이아몬드는 6개 국가가 전 세계 생산량의 90%를 차지할 뿐만 아니라, 남아프리카의 '드비어스'가 전 세계 다이아몬드의 90%를 차지하면서 가격을 지탱해나간다. 러시아에는 1,000년분에서 2,000년분의 다이아몬드가 매장되어 있다고 한다. 만약 이 물량이 채굴되어 풀려나가면 다이아몬드의 가격은 대폭락할 것인데, 소수가 산업을 지배하기 때문에 가격이 유지되고 있다.

금도 19세기 이후 남아프리카 공화국에서 전 세계 생산량의 3분의 2를 생산하면서 가격통제에 성공했기 때문에 값진 자산으로서의 지위를 유지할 수 있었다. 물론 지금은 중국, 미국, 호주 등에서 금이 많이 생산되지만, 연간 금 생산량은 3,100톤으로 거의 제자리걸음을 하고 있다. 그래서 금 채굴량이 한계에 도달했다는 주장도 있지만, 사실 아직도 많은 금광이 채굴하지 않고 있다. 만약 지금 당장 모든 금광을 다 개발한다면, 몇 년 후 금은 더는 희소성을 유지하지 못해 가격이 크게 하락할 수도 있다. 하지만 주요 금 생산국들이 묵시적으로 생산을 제한하기 때문에 그런 일은 발생하지 않을 것이다.

사람들은 비트코인을 대량으로 보유하고 있는 고래들이 물량을 풀어버리면 비트코인의 가격이 폭락할 것이라고 한다. 하지만 이 문제는 반대로 생각을 해야 한다. 한정된 수의 고래[3]들이 대량의 비트코인을

---

3) 고래 : 다량의 비트코인을 보유한 세력

보유하고 있어서 비트코인이 투자 자산으로서의 가치를 잘 유지해갈 가능성이 큰 것이다.

결론적으로, 비트코인은 내재가치의 측정이 애매하다는 점, 그리고 한정된 소수의 보유자가 비트코인을 대량으로 소유하고 있다는 점이 비트코인을 투자 자산으로 만든다. 그리고 이에 더해 2,100만 개라는 한정된 수량만 채굴되도록 프로그램이 되어 있다는 점도 비트코인을 매력적인 자산으로 인식시킨다. 전 세계에 2,100만 개밖에 없고 더는 생성되지 않는다고 생각하면 누구나 하나쯤 가지고 싶은 생각이 들게 된다. 마이크로 스트레티지의 마이클 세일러(Michael Saylor)는 바로 이 점이 비트코인과 다른 자산의 차이점이라고 말한다. 그는 다른 모든 자산은 가격이 오르면 공급이 늘어나지만, 비트코인만은 그렇지 않다는 것이 매력이라고 했다. 하지만 2,100만 개라는 숫자에는 약간 트릭이 숨어 있다. 비트코인은 소수점 8자리까지 거래할 수 있다. 그러므로 사실상 2,100조 개나 마찬가지다. 하지만 소수점 이하는 생각하지

자료 3-4. 마이클 세일러의 트위터

Michael Saylor ⚡ ✔ @saylor · 2021년 12월 10일
Once upon a time, #Gold was the most desirable store of value. Now #Bitcoin ₿ is taking its place.

Yahoo Finance ✔ @YahooFinance · 2021년 12월 10일
MicroStrategy CEO Michael Saylor: Gold should be scared of bitcoin
yhoo.it/3EIAM1p by @BrianSozzi

○ 960   ⊔ 1,524   ♡ 1만   ⬆

출처 : 트위터

않기 때문에 2,100만 개가 최대라고 아는 것이다.

현물 ETF의 승인 가능성이 높다

비트코인 선물 ETF의 승인에 이어 1~2년 이내에 비트코인 현물 ETF의 승인 가능성이 증대하고 있다. 여기서 승인이란 세계 최대의 시장인 미국에서의 승인을 말한다. 미국 증권거래위원회(SEC)에서 비트코인 ETF의 승인을 늦췄던 이유는 두 가지다. 첫째는 제도적 장치 미비다. 증권거래위원회에서 비트코인 ETF를 승인한다는 의미는 비트코인을 정식 투자 상품으로 인정한다는 의미인데, 이를 위해서는 투자자들을 보호하기 위한 적절한 제도적 장치기 선행되어야 하기 때문이다. 둘째는 중국이다. 2021년 여름까지만 해도 중국은 비트코인에 가장 큰 영향력을 미치는 나라였다. 전 세계 비트코인 채굴에서 중국이 차지하는 비율이 약 65%에 이르렀다. 그런데 만약 현물 ETF가 미국에서 출시되면 암호화폐 산업에 대한 중국의 지배력만 더 높여주는 결과를 가져왔을 것이다. 더구나 현물 ETF가 출시되면 비트코인의 가격이 오를 것이 확실하므로 중국의 부(富)만 늘려주는 부작용도 있었을 것이다. 그런데 다행스럽게도 중국이 비트코인을 비롯한 암호화폐를 완전히 금지하고 채굴장도 폐쇄했다. 미국 정부가 비트코인 ETF를 승인할 수 있는 여건을 스스로 만들어준 셈이다. 승인을 늦췄던 두 가지 요인 중 하나가 해결되었으므로, 이제는 제도적 장치만 갖춰지면 미국 증권거래위원회가 비트코인 현물 ETF의 승인을 거부할 이유가 없다.

미국에서 금 ETF가 처음으로 등장한 시기는 2004년 11월이다. 이름은 SPDR Gold Shares(GLD)였는데, 출시된 지 3일 만에 10억 달러가 유입될 정도로 큰 인기를 끌었다. 이후 수많은 금 ETF가 출시되어 현재 미국에서만 1,000억 달러가 넘는 자금이 금 ETF에 투자되어 있다. 금 ETF가 보유하고 있는 금의 규모는 국가로 치면 세계 4위에 해당할 만큼 어마어마하다고 한다. 금 ETF가 출시되기 이전에는 일반인이 금을 사고팔기가 어려웠다. 실물을 보관하기도 어려웠고 분실의 위험도 컸다. 하지만 금 ETF가 출시되면서 금에 대한 일반인들의 접근성이 좋아졌고, 그래서 주식, 채권, 부동산 등에 잠겨 있던 자금 중 상당 부분이 금 ETF로 이동했다. 금은 ETF가 출시된 이후 시가총액이 16년간 4배 정도 상승했다.

비트코인도 현재 일반인들이 접근하기 어렵다. 개인 키를 분실할 위험성도 있고, 실물이 없다 보니 소유에 대한 확신이 없다. 하지만, 만약 현물 ETF가 승인된다면, 비트코인도 금과 마찬가지로 글로벌 유동성이 공급될 것이고, 가격은 수배가 뛸 가능성이 크다. 2021년 10월 현재, 금의 시가총액은 1경 4,000조 원 정도이고, 비트코인은 1,260조 원 수준이다. 만약 금의 5%가 비트코인으로 넘어온다면 비트코인의 시가총액은 50%가 늘어날 것이다. 금 외에 채권, 부동산, 주식의 자금도 일부 넘어올 것이다. 따로 계산은 해보지 않았지만 2%씩만 넘어온다고 해도 그 규모는 매우 클 것이다. 또한, 미국의 막대한 연기금자금도 비트코인 ETF에 유입될 것이다. 암호화폐거래소인 크라켄의 임원인 단 헬드(Dan Held)에 의하면, "미국 퇴직연금의 98%는 비트코인 투자를 할 수 없다"라고 하면서 "그 규모가 36조 달러에 이른다"라고 했다. 만약 이 자금이 비트코인 ETF로 유입된다면 비트코인에 어떤 일이 일어날까?

점점 더 많은 나라가 비트코인을 정식 화폐로 채택할 것이다

비트코인은 엘살바도르의 법정 화폐로 채택되었다. 세계에서 첫 번째다. 엘살바도르의 뒤를 이어 브라질, 통가, 파나마, 우크라이나 등도 비트코인을 법정 화폐로 채택하는 데 관심을 두고 있다. 이러한 움직임은 금융 인프라가 취약한 남미와 아프리카 국가들을 중심으로 일어나고 있는데, 앞으로도 비트코인을 법정 화폐로 채택하는 국가들은 점점 더 늘어날 가능성이 크다.

금(Gold)의 시대가 막을 내리고 있다

금은 전통적으로 인플레이션 헤지 수단이었다. 하지만 최근에는 비트코인이 새로운 인플레이션의 헤지 수단이자 금의 대안으로 주목받으면서 금의 투자 수요를 대체해나가고 있다. 특히 2030의 젊은 세대들은 비트코인에 대해 훨씬 개방적인 태도를 보이고 있어 비트코인이 인플레이션 헤지 수단으로 빠르게 자리를 잡아가고 있는 반면, 금의 역할은 점점 더 축소되고 있다. 금융 자문사 드비어(deVere) 그룹의 설문조사에 의하면, 밀레니얼 세대의 2/3 이상이 비트코인을 금보다 안전한 투자 자산으로 인식하고 있다고 한다.

자료 3-5에 의하면 기대 인플레이션의 수치가 올라감에 따라 비트코인의 값도 비례해서 올라감을 알 수 있다. 하지만 금 가격의 움직임은 기대 인플레이션과 상관관계가 없다. 즉, 인플레이션 헤지 수단으로 투자자들은 금보다는 비트코인을 더 선호한다는 것을 알 수 있다. JP모건은 비트코인이 금보다 더 좋은 헤지 수단이라고 하면서 2021년에 금 ETF로부터 100억 달러가 유출된 반면, 비트코인에는 200억

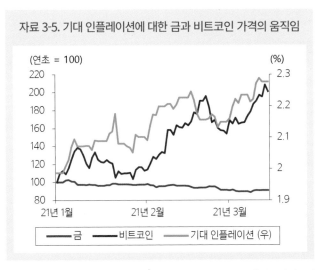

자료 3-5. 기대 인플레이션에 대한 금과 비트코인 가격의 움직임

출처 : 삼성증권

달러가 유입되었다고 말했다.

미국 정부의 금지 리스크가 제거되었다

제롬 파월 미 연준 의장과 게리 겐슬러(Gary Gensler) 미 증권거래위원회 위원장은 2021년 8월 말, 국회에 출석해 "미국은 중국과 같이 암호화폐를 금지할 계획이 없다"라는 것을 확인시켜줬다. 게리 겐슬러 위원장은 중국과는 다른 관점에서 암호화폐에 접근하고 있다고 하면서, 금지보다는 투자자 보호를 위한 규제에 집중하고 있다고 말했다. 미국 정부의 이러한 태도는 기관 투자자들이 암호화폐 시장에 안심하고 들어올 수 있는 여건을 마련해줬다고 할 수 있다.

부정적 관점

테더(USDT) 리스크

자산 시장이 불안해지면 '테더 리스크'가 불거질 수 있다. 테더는 테더사(Tether Limited)에서 발행하는 스테이블코인(stable coin)으로 달러와 1:1로 페그되어 있다. 즉, 1달러를 1테더로 바꿀 수 있고, 반대로 1테더도 1달러로 바꿀 수 있다. 우리나라의 4대 거래소에서는 원화로 암호화폐를 구매하는 것이 자유롭지만, 다른 나라에서는 그렇지 않다. 외국에서는 통상적으로 테더나 USD코인(USDC)과 같은 스테이블코인을 이용해 암호화폐를 구매한다. 1테더를 1달러로 바꿀 수 있다는 의미는, 테더 발행량만큼의 달러가 항상 은행에 예치되어 있어야 한다는 의미다. 하지만 테더사가 오랜 기간 감사를 받지 않았기 때문에 과연 테더사가 발행량만큼의 달러를 은행에 예치했는지에 대한 의구심이 있어왔다. 그래서 테더사는 무어 케이맨(Moore Cayman)이라는 회계법인을 통해 감사를 받았고, 2021년 8월 10일에 감사 결과를 공개했다. 감사 보고서에 의하면, 2021년 6월 30일 기준 테더의 시가총액은 654억 달러인데, 이의 81%를 현금과 현금성 자산, 기타 단기 예금 및 상업 어음으로 보관하고 있다고 했다. 테더의 자산 중 308억 달러는 신용등급 A3 이상의 기업어음과 예금증서이며, 152억 7,000만 달러는 미국 재무부 채권, 63억 달러는 현금 및 은행예금이고, 기타 자산이 10억 달러라고 했다. 그러면서 6월 30일 기준으로 테더가 준비금 의무를 이행하고 있다고 결론 내렸다. 하지만 만약 2008년의 리먼 사태와 같은 금융위기가 오면 어떻게 될까? 신용등급 A3라는 타이틀은 아무 의미가 없을 것이다. 투자자들이 너도나도 몰려들어 테더를 달러로 바꾸려고 할 것이고, 테더사는 이러한 요구에 응하지 못할 가능성이 있다. 2021년 가을에 중국에서 헝다사태가 발생했을 때, 비트코인이 하락했었는데, 그 이유는 테더사가 헝다사의 채권을 보유하고 있다는 루머 때문이었다. 테더사에서 헝다 채권을 전혀 보유하고 있지 않다고 발표를 하면서 이러한 의구심이 해소된 적이 있었다. 테더 문제는 비트코인 시장의 잠재된 리스크 중 하나다.

자료 3-6. 테더와 USD코인의 시가총액 순위(2021년 8월 29일 기준)

# ▲	Name	Price	24h %	7d %	Market Cap	Volume(24h)	Circulating Supply	Last 7 Days
1	Bitcoin BTC Buy	₩56,392,723.19	- 0.02%	+ 0.22%	₩1,060,168,174,999,462	₩32,687,610,642,143 579,674 BTC	18,800,762 BTC	
2	Ethereum ETH Buy	₩3,716,785.55	+ 0.72%	- 0.76%	₩436,449,329,015,742	₩16,457,372,365,471 4,423,230 ETH	117,304,014 ETH	
3	Cardano ADA	₩3,342.00	- 3.14%	- 11.96%	₩108,304,801,693,004	₩6,627,651,979,056 1,967,120,297 ADA	32,145,348,141 ADA	
4	Binance Coin BNB Buy	₩563,362.48	- 0.16%	- 8.11%	₩95,083,480,490,223	₩2,024,245,710,701 3,579,493 BNB	168,137,036 BNB	
5	Tesher USDT Buy	₩1,164.07	+ 0.07%	+ 0.07%	₩76,186,996,498,287	₩76,102,800,549,664 65,417,301,401 USDT	65,489,475,281 USDT	
6	XRP XRP	₩1,317.68	- 0.53%	+ 6.83%	₩61,697,572,397,764	₩4,008,051,390,416 3,021,657,276 XRP	46,513,604,835 XRP	
7	Dogecoin DOGE	₩325.30	- 1.65%	- 10.60%	₩42,778,290,983,361	₩1,745,846,922,904 5,348,757,541 DOGE	131,060,005,023 DOGE	
8	USD Coin USDC	₩1,163.20	- 0.04%	+ 0.07%	₩31,616,104,795,897	₩2,237,378,254,440 1,924,482,498 USDC	27,194,615,013 USDC	
9	Solana SOL	₩107,703.24	- 0.76%	- 23.08%	₩31,460,320,381,048	₩2,719,264,749,667 25,147,745 SOL	290,944,860 SOL	
10	Polkadot DOT	₩30,067.08	- 0.63%	+ 5.26%	₩29,860,072,640,072	₩1,293,923,369,169 42,794,670 DOT	987,579,315 DOT	

출처 : 코인마켓캡

최근에는 USD코인(USDC)이 테더를 빠르게 대체해나가고 있다. USD코인은 테더 다음으로 시가총액이 큰 스테이블코인인데, 미국 최대의 암호화폐 거래소이자 상장사인 코인베이스와 골드만삭스가 투자한 '서클(Circle)'이라는 회사가 발행한 스테이블코인이어서 테더에 비해 더 신뢰를 얻고 있다. USD코인의 시가총액은 31조 원에 달하며, 서클도 2021년 7월 보고서를 통해 준비금의 61%를 현금 및 현금성 자산으로 가지고 있다고 했다. 13%는 미국 내 외국 은행 지점들이 발행한 예금증서이고, 12%는 미국 국채, 9%가 기업 어음이다.

채굴 보상의 감소

비트코인의 네트워크를 유지하면 보상으로 채굴코인과 전송수수료를 받는다. 반감기가 있는 비트코인은 특성상 채굴 보상이 4년마다 반으로 줄어들고, 2040년이 되면 채굴 보상이 없어지게 된다. 이때부터는 전송수수료만으로 비트코인 네트워크를 유지해야 한다. 그런데 2017년 8월에 세그윗(segwit)이 도입되면서 비트코인의 전송수수료가 이전보다 70%가량 줄어들었다. 세그윗은 블록의 크기를 1MB(메가바이트)로 유지하되 처리 속도를 높이기 위해 디지털 서명을 블록 외부에서 처리하는 것이다. 블록에서 디지털 서명에 필요한 용량을 없앨 수 있어서 1MB를 효율적으로 이용할 수 있다는 것이다. 세그윗 적용 결과 비트코인의 처리 지연 문제는 해결되고 네트워크 이용 수수료도 낮아졌다. 문제는 채굴자들의 거래수수료 수입도 같이 줄었다는 것이다. 향후 채굴 보상이 줄어드는 상황에서 네트워크를 유지하기 위해서는 비트코인의 가격이 꾸준히 상승해야 한다. 캐나다 중앙은행에 의하면, 비트코인이 매년 20% 정도 상승해야 채굴자들이 현재 수준의 보상을 받을 수 있다고 한다. 그런데 만약 비트코인의 가격이 상승하지 않으면 네트워크 유지에 어려움이 생길 수 있다는 염려가 생길 수 있다. 이는 비트코인의 가격에 부정적인 영향을 미칠 것이다.

2023년경 신흥국의 경제위기 가능성이 있다

2021년 여름 델타변이가 동남아 국가들을 강타했다. 베트남 등 철

저한 방역을 자랑하던 국가들이 속절없이 무너졌다. 태국, 필리핀, 말레이시아, 인도네시아, 베트남 등에서 델타변이에 의한 코로나19 확진자가 기하급수적으로 늘어나면서 동남아는 세계에서 가장 많은 확진자가 발생하는 지역이 되었다. 그러자 이들 국가는 방역을 위해 사실상 나라를 폐쇄하는 강경한 정책을 펼쳤다. 이런 상황이다 보니 공장이 제대로 가동될 리가 없었다. 미국은 차량용 반도체의 50%가량을 말레이시아, 필리핀, 베트남, 인도네시아, 태국 등에서 만들어 수입하는데, 이들 국가가 폐쇄되다 보니 차량용 반도체 부족이 심화했고, 그래서 미국의 포드자동차는 반도체가 없는 상태로 차량을 대량 생산한후 대기시켰다가 반도체를 구하는 즉시 이를 차량에 조립해 출하하는사태에까지 이르렀다. 동남아에서 신발 생산이 중단됨에 따라 나이키의 매출이 축소되었고, 그래서 나이키의 주가가 폭락하는 사태도 있었다.

여기서 나는 동남아에서의 생산 차질로 다국적 기업들이 피해를 본다는 사실을 말하고자 하는 것이 아니다. 동남아의 경제가 취약해지고 있다는 것을 말하는 것이다. 설상가상으로 미국의 금리가 인상되고 재무제표도 축소될 것이다. 이는 신흥국에서 위기가 발생할 가능성이 있음을 의미한다.

비트코인은 과거와 비교해 자산으로서의 성질에 변화가 있다. 예를들면, 2017년에는 북한에서 미사일을 쏘면 비트코인의 가격이 폭등했다. 미국에서 부채한도 협상에 실패했을 때도 비트코인의 가격이 상승했다. 사회가 불안해지면 주식은 폭락했지만, 비트코인은 반대로 상승했다. 하지만 시가총액이 커지면서 비트코인의 움직임이 바뀌고 있다. 최근에는 나스닥과 커플링 되는 움직임을 자주 보인다. 과거와 달리 기관 투자가의 자금이 유입되면서 나스닥과 동조하는 움직임을 보이게 되었지만, 반면 가치 보존 수단의 역할을 하기도 한다. 만약 신흥국에서 경제위기가 발생한다면 비트코인이 어떤 자산의 성격을 보일지 확신할 수는 없지만, 세계 경제가 불안해지고 미국의 주식 시장이 하락한다면 비트코인도 하락할 가능성이 커지고 있다. 이는 기관 자금들이 대량 유입된 후로 나타난 현상이다.

$$3$$

리스크 없이 고수익을
올리는 방법이 있다?

채권 스프레드를 이용한 거래

《라이어스 포커》라는 책은 내가 좋아하는 작가인 마이클 루이스 (Michael Lewis)의 책이다. 교보문고에서는 이 책에 대해 '1980년대 월가 최고의 채권하우스 살로먼 브라더스를 배경으로 펼쳐지는 금융 천재들의 치열한 머니게임'이라면서, 〈월스트리트저널〉, 〈타임〉, 〈워싱턴 포스트〉 등이 극찬했다고 한다. 또한, 국제금융 및 자본 시장의 총아인 투자 은행의 트레이딩 룸에서 일하고자 하는 사람들, 그리고 자본의 흐름을 한눈에 읽고자 하는 사람들에게 큰 도움이 될 것이라고 소개하고 있다. 이 책은 작가가 살로먼 브라더스에서 실제로 겪었던 경험을 흥미진진하게 펼쳐 나간다.

살로먼 브라더스는 시티그룹에 합병되기 전까지만 해도 채권 시장의 대명사였고, 미국 국채 시장을 독점하다시피 했다. 이 회사는 출범 당시부터 1990년대 중반까지 연 28~59%의 엄청난 고수익을 냈었다. 엄청난 고수익이라고 하니까 마치 특별한 트레이딩 기법이 있었던 것처럼 생각하기 쉬운데, 거래 자체는 그 구조가 굉장히 간단하다. 재무부에서 발행한 국채가 있다고 하자. 만약 이 채권의 가치가 동일하다면 동일한 가격에 거래가 되어야 한다. 하지만 실제로는 그렇지가 않다. 동일한 가치임에도 불구하고 다른 가격으로 거래되는 경우가 발생하는데, 살로몬 브라더스는 그런 기회를 포착해 거래하고 이윤을 창출했던 것이다.

예를 들어보자. 10년 만기 국채가 있는데, 이 국채는 5년 전에 발행이 되었다. 그래서 5년이 지나면 만기가 된다. 그리고 최근에 발행된 5년 만기 국채가 있다. 그러면 이론상으로는 이 두 국채의 수익률이 같아야 한다. 왜냐하면, 채권을 발행한 주체도 동일하고, 만기도 동일하기 때문이다. 하지만 실제로는 그렇지 않다. 통상적으로는 새로 발행된 국채의 가격이 더 높았다. 그러면 살로먼 브라더스에서는 10년 만기 국채를 사고, 5년 만기 국채를 공매도해서 두 채권의 스프레드를 확보한다. 시간이 지나면 자연히 두 국채의 가격은 같아지게 되고, 그러면 살로먼 브라더스는 이익을 실현하면 되는 것이다. 굉장히 단순한 거래이면서 리스크 없이 돈을 버는 방법이다.

우리는 2020년 4월 20일, 미국의 WTI선물 5월물이 배럴당 −40달러까지 갔다는 것을 알고 있다. 원유를 파는 데 돈까지 얹어 줘야 하는 기가 막힌 상황이 된 것이다. 물론 코로나19로 인한 선물의 수급이 무너졌기 때문에 발생한 현상이다. 선물 만기일이 다가왔는데도 매수자가 나타나지 않았다. 코로나19로 전 세계가 거의 셧다운이 되다시피 한 상황에서 그 누구도 원유가 필요하지 않았기 때문이다. 이때도 살로먼 브라더스가 채권거래를 했던 것과 마찬가지로, 정유사 입장에서는 무위험 스프레드 거래를 할 수가 있었다. 그 당시 선물 가격은 마이너스였지만 현물 가격은 그렇지 않았다. 그러면 정유사 입장에서는 가지고 있는 현물을 팔고, 그 물량만큼을 선물을 사면 위험 없이 돈을 벌 수가 있다. 선물이 −40달러를 기록한 다음 날, 마이너스 폭이 축소된 이유도 바로 정유사들이 현물을 팔아 치우고 선물을 사는 재정 거래에 뛰어들었기 때문이다.

국가 간 가격 스프레드를 이용한 재정 거래

살로먼 브라더스가 사용했던 방법, 즉 채권의 스프레드를 이용해 리스크 없이 돈을 버는 방법은 코인 시장에도 응용할 수 있다. 주식 시장에서는 할 수 없지만, 코인 시장에서는 가능한 이유는 코인 시장마다 거래되는 코인의 가격이 다르므로 스프레드를 이용할 기회가 생기기 때문이다.

통상적으로 투자자들이 알고 있는 방법은 국가 간 스프레드를 이용하는 것이다. 이는 한국의 거래소에서 거래되는 코인의 가격과 해외 거래소에서 거래되는 코인의 가격이 다르다는 점을 이용한 것이다. 이른바 '김치 프리미엄'이라는 것인데, 다들 알고 있을 것으로 생각하지만, 다시 한번 이야기하겠다.

비트코인의 미국 거래소 시세가 5,000만 원이라고 하자. 그런데 한국에서는 프리미엄이 붙어서 6,000만 원에 거래된다고 하자. 그러면 한국의 투자자들이 미국의 지인에게 5,000만 원을 보내서 비트코인 1개를 산다. 그래서 그 비트코인을 한국으로 보낸다. 그러면 한국에서는 비트코인을 6,000만 원에 팔 수 있으므로, 간단한 재정 거래를 통해 1,000만 원의 수익이 생기게 된다. 많은 사람이 이 방법을 이용해서 돈을 많이 벌었다.

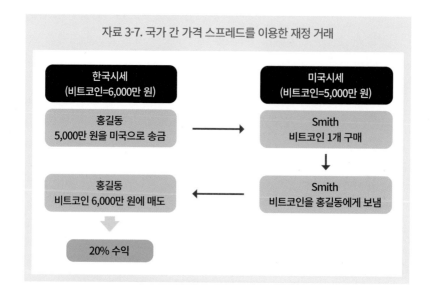

자료 3-7. 국가 간 가격 스프레드를 이용한 재정 거래

한국시세
(비트코인=6,000만 원)

홍길동
5,000만 원을 미국으로 송금

미국시세
(비트코인=5,000만 원)

Smith
비트코인 1개 구매

홍길동
비트코인 6,000만 원에 매도

Smith
비트코인을 홍길동에게 보냄

20% 수익

이와 같은 재정 거래는 2017년에 굉장히 보편적으로 행해졌다. 비트코인이 본격 상승을 시작했던 시기는 2017년 여름부터였다. 특히 중국에서 비트코인의 채굴과 거래가 큰 인기를 끌자, 중국 당국은 암호화폐의 신규 발행과 거래를 원천 금지했다. 그 당시 우리 정부는 빗썸이나 코인원, 코빗 등 암호화폐 거래소들에 대한 관리가 허술했다. 그래서 차명으로 돈을 입금하고 출금하는 것이 가능했다.

그러자 중국에서 거래할 수 없게 된 중국 사람들이 대거 우리나라로 몰려와 차명으로 암호화폐 거래를 했다. 즉, 중국의 계좌에 있던 비트코인을 우리나라 거래소로 옮겨서 매도한 후 원화로 인출했고, 이를 달러로 바꿔서 출국한 것이다. 그러자 우리나라에는 가상자산만 계속 쌓여 갔고, 반대로 달러는 해외로 계속 유출되는 문제가 발생했다. 이에 위기감을 느낀 우리 정부에서는 실명 거래 등 거래소에 큰 제약을 가하는 정책을 급히 시행할 수밖에 없었다. 이른바 '박상기의 난'이라는 것도 이런 맥락에서 발생한 사건이다.

이를 이용해서 돈을 번 사람들이 많지만, 더 큰 규모로 발전하지 못하고 또 지속하지도 못했던 이유는 돈을 다른 나라로 옮겨야 한다는 현실적 제약 때문이다. 미국으로 돈을 송금한 후 코인을 사서 한국으로 보내 이윤을 취하면 그것으로 끝이다. 다음 거래를 위해서는 또다시 돈을 미국에 보내야 하는데, 해외로 송금을 한다는 것이 쉽지 않다. 즉, 현실적인 제약이다. 만약 이런 제약만 없다면 이와 같은 재정 거래를 지속해서 돈을 벌 수 있겠지만 현실성이 없다고 봐야 한다.

재정 거래를 계속할 수 있느냐, 없느냐를 결정하는 것은 돈이 제자리로 돌아오느냐, 돌아오지 않느냐의 여부다. 앞에서 설명한 재정 거래의 경우에는 돈이 한국에서 출발해서 미국에 머무른다. 그리고 코인은 미국에서 출발해서 한국에 머무른다. 즉, 돈과 코인이 모두 출발점으로 돌아오지 않는다.

하지만 만약 돈과 코인이 다시 제자리로 돌아올 수 있다면 지속적인 재정 거래를 통해 무위험으로 돈을 계속 벌 수가 있다. 이러한 구조가 가능할까? 가능하다. 만약 컴퓨터 코딩 능력만 있으면 얼마든지 가능하다는 것이 나의 생각이다.

코인 간 가격 스프레드를 이용한 재정 거래

돈과 코인이 제자리로 돌아오는 재정 거래를 생각해보자. 비트코인과 이더리움으로 재정 거래를 한다고 가정하자. 세계적으로는 복수의 가상자산 거래소들이 있고, 가격이 비슷하기는 하지만 약간씩 다르다. 예를 들어, 현재 김치 프리미엄이 전체적으로 5% 수준이라고 하자. 어떤 채굴자가 대량의 비트코인을 미국의 거래소에서 매도한다면, 해당 거래소에서 비트코인의 가격이 하락할 것이고, 순간적으로 우리나라 거래소에서의 가격과 스프레드가 벌어지게 된다. 그 결과 우리나라 거래소와 미국 거래소의 비트코인 가격 스프레드가 순간적으로 10%로 치솟았다고 하자. 즉, 비트코인의 스프레드는 10%로 벌어진 상태이고, 이더리움의 스프레드는 5%를 유지한다. 그러면 우리나라 거래소에서 이더리움을 매수해서 미국의 거래소로 보낸다. 이더리움이 미국에 도착하자마자 매도하고 곧바로 비트코인을 사서 다시 국내 거래소로 보낸 후 현금화를 한다. 이해를 돕기 위해, 1,000만 원으로 거래를 하는 경우를 생각해보자. 국내 거래소에서 이더리움을 1,000만 원만큼 매수해서 미국의 거래소로 보낸 후 매도한다. 그러면 약 5%의 손실이 발생한다. 즉, 9,520,000원의 현금을 확보할 수 있다. 이 금액만큼 비트코인을 사서 국내 거래소로 보낸 후 매도한다. 그러면 10,472,000원을 회수하게 되므로, 약 5%의 이윤이 발생된다. 그리고 국내의 거래소에서 출발했던 돈이 다시 국내 거래소로 돌아오고, 비록 형태가 이더리움에서 비트코인으로 바뀌기는 했지만, 코인도 다시 국내 거래소로 돌아오기 때문에 얼마든지 반복적으로 거래를 할 수 있다. 송금 수수료와 거래소 수수료 등을 제하고도 약간의 이윤이라도 남는다면 곧바로 실행에 옮기는 그야말로 '박리다매'의 거래가 되겠지만, 레버리지를 이용한다면 수익을 극대화할 수 있을 것이다. 만약 한 번의 거래에 0.5%의 수익이 난다면, 10배의 레버리지를 이용하면 5%로 수익률이 상승한다. 이런 거래를 열 번만 하면 수익률이 50%에 이른다.

이 거래 구조는 한국과 미국에 있는 2개의 거래소만을 대상으로 한 경우다. 그런데 만약 2개가 아니라 5개 정도로 대상 거래소를 확대하면 어떨까? 그러면 기회는 훨씬 더 많이 생길 것이고, 거래 가능한 스프레드도 더 확대될 것이므로 더 쉽게 돈을 벌 수 있다. 덧붙여서, 비트코인은 거래를 완료하는 데 비교적 시간이 오래 걸린다. 그러므로 이같이 코인 간 스프레드를 이용한 재정 거래에는 적합하지 않다. 대신에 송금 시간이 빠르고 수수료가 저렴한 최근에 개발된 코인들을 이용할 수 있다.

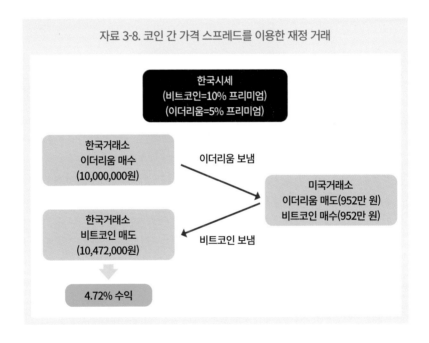

자료 3-8. 코인 간 가격 스프레드를 이용한 재정 거래

앞과 같은 재정 거래는 이론적으로는 가능하지만, 사람이 할 수는 없다. 속도 때문이다. 스프레드가 확대되는 시점을 순간적으로 포착해서 순간적으로 모든 거래를 해치워야 한다. 즉, 시장을 계속 주시하

고 있다가 순간적으로 스프레드가 벌어지면, 송금 수수료나 거래 수수료와 같은 비용을 포괄적으로 계산해서 이익이 발생한다는 판단이 서면 순식간에 거래를 해치우는 것이다. 속도가 중요한 이유는 이미 이와 같은 재정 거래를 하는 경쟁자들이 많기 때문이다. 내가 움직이지 않으면 다른 쪽에서 선수를 치기 때문이다. 그러므로 컴퓨터만이 이런 거래를 할 수가 있다. 이런 방식의 거래를 하면 무위험으로 돈을 벌 수 있다는 것을 알지만, 컴퓨터에 대해 잘 모르기 때문에 나는 할 수가 없다.

이미 실행 중인 재정 거래

이런 구조의 무위험 재정 거래는 이미 누군가는 하고 있을 것이다. 내가 코인 거래를 하면서 가졌던 의문점이 두 가지가 있다. 첫째는 가상자산 거래소가 세계적으로 수십 개가 있는데, 왜 가격이 실시간으로 거의 동일하게 움직일까 하는 점이고, 둘째는 왜 코인마다 국가별 프리미엄이 비슷할까 하는 점이다.

실제 예를 보자. 3개의 가상자산 거래소인 비트렉스, 폴로닉스, 비트피넥스에서 비트코인 5분봉을 보면 차트가 거의 동일함을 알 수 있다. 사실상 동일한 차트라고 봐도 무방하다. 3개가 각각 다른 거래소들이고, 거래하는 주체들도 모두 다른 사람들인데, 왜 한 거래소의 가격변화가 다른 거래소에도 실시간으로 반영이 될까? 비트렉스에서 누군가가 엄청난 양의 비트코인을 매수해서 가격이 급등한다면, 왜 동일 시간대에 다른 거래소에서의 비트코인 가격도 같이 급등을 할까?

자료 3-9. 비트렉스에서 비트코인 5분봉 차트

자료 3-10. 폴로닉스에서 비트코인 5분봉 차트

이번에는 우리나라 코인별 프리미엄을 보자. 메이저 코인들의 경우 비트코인의 프리미엄과 거의 비슷함을 알 수 있다.

자료 3-12. 비트코인 김치 프리미엄

출처 : https://kimpga.com

자료 3-13. 알트코인들의 김치 프리미엄

샌드박스	SAND	5,445	+1.82%
		5,348	97.3
리플	XRP	911	+2.00%
		893	17.9
이더리움	ETH	3,790,000	+1.95%
		3,717,328	72,672
코스모스	ATOM	46,500	+1.79%
		45,682	818
체인링크	LINK	34,090	+1.79%
		33,492	598

출처 : https://kimpga.com

자료 3-12에서는 비트코인 김치 프리미엄이 1.87%다. 같은 시간 다른 메이저 알트코인들의 프리미엄이 1.79%에서 2.0% 사이에서 형성되고 있다(자료 3-13). 즉, 비트코인의 김치 프리미엄과 비슷한 수준을 유지하고 있다. 가상자산 거래소마다 코인의 가격 움직임이 거의 실시간으로 동일하고, 코인의 국가별 프리미엄이 사실상 차이가 없는 이유는 바로 컴퓨터를 통한 코인별 재정 거래를 하기 때문이라고 생각한다. 스프레드가 벌어지면 기회를 포착한 프로그램이 곧바로 재정 거래를 하므로 이런 현상이 발생한다는 것이 내 생각이다. 즉, 이더리움이 비트코인보다 김치 프리미엄이 높으면 곧바로 우리나라 거래소에서 비트코인을 사서 미국으로 보내고, 그곳에서 이더리움을 사서 한국으로 보낸 후 청산하는 재정 거래가 행해지기 때문이다. 자료 3-13에서는 김치 프리미엄이 1.79%에서 2.0% 사이에서 형성되면서 약간의 편차를 보인다. 아마도 거래 비용 등을 생각할 때 0.21%의 스프레드는 이윤보다는 거래비용이 더 크기 때문일 것이다.

LTCM의 파산

다시 살로먼 브라더스로 돌아와서, 1990년대 초반에 폴 모저라는 직원이 재무부 채권을 불법으로 거래하고 연준에 허위보고한 사건 때문에 살로먼 브라더스는 파산 직전까지 몰렸다가 시티그룹에 합병되었다. 살로먼의 채권투자 전략 대부분을 고안한 사람은 메리웨더(Meriwether)였다. 메리웨더는 부하직원의 일탈행위에 대한 책임을 지고 살로먼을 사임했다. 그 후 LTCM(Long Term Capital Management)을 설립했으며, 살로먼에서와 같이 두 채권의 스프레드를 이용해서 돈을 벌었다. 하지만 문제가 있었다. 이익이 꾸준히 증가하기는 했지만, 그 기회가 한정적이어서 이익의 규모가 만족스럽지 못했다. 돈을 버는 것은 확실했지만 버는 돈의 규모가 작았다는 것이다. 그래서 LTCM은 레버리지를 이용했다. 채권 스프레드의 거래를 통해 연간 2%의 이익을 얻을 수 있다고 가정해보면, 만약 20배의 레버리지를 사용할 경우 연간 수익률이 40%로 올라가게 된다. 리스크 없이 연간 40%의 수익이라면 정말 대단하다고밖에 할 수 없다. LTCM이 한참 주가를 올리던 시절, JP모건이 LTCM의 지분 50%를 50억 달러에 사겠다고 제안하기에 이른다. 50억 달러면 우리 돈으로 약 6조 원에 달하는 어마어마한 금액이다. 하지만 LTCM의 파트너들은 이 제안을 받아들이지 않았다. 이 정도의 헐값에 팔 이유가 없다는 자신감에서 비롯된 거절이었다. 결론을 먼저 이야기하자면, 이러한 결정은 LTCM 파트너들에게는 두고두고 후회할 악수(惡手)가 되고 만다.

만약 LTCM이 이러한 채권거래만 했다면 후에 회사가 해체되는 일은 없었을 것이다. 하지만 여러 가지 파생금융상품이 LTCM의 발목을 잡았다. 파생금융상품은 워낙 복잡하게 얽혀 있기 때문에 어디에 위험이 있는지 알 수 없다는 것이 문제다. 1998년 8월 17일에 러시아가 국내채무와 국외채무에 대해 모라토리엄을 선언했고, 달러 대비 루블화를 평가절하했다. 달러로 표시된 외채를 부도 내고 루블화를 평가절하한 것은 그럴 수 있지만, 국내채무까지 부도를 낸 것은 이해가 가지 않는 면이 있었다. 왜냐하면, 국내채무는 루블화를 그냥 찍어서 갚으면 되기 때문이다. 어쨌든 이로 인해 다량의 러시아 국채를 보유 중이던 LTCM이 붕괴하게 된다. 파생상품은 항상 문제를 발생시킨다. 거래가 너무 복잡하게 얽혀 있어 상품의 구조를 이해하기조차 어렵다는 것이 파생상품의 문제점이다. 마이클 버리의 이야기를 다룬 영화《빅쇼트》에서 파생상품을 잘 설명하고 있다. 예를 들면, 카지노에서 A라는 사람이 블랙잭을 한다. 그러면 A를 지켜보던 B라는 사람이 A가 돈을 딴다는 데 배팅한다. C라는 사람은 B라는 사람이 돈을 딴다는 데 또 배팅한다. D라는 사람은 C라는 사람이 돈을 딴다는 데 배팅한다. 이런 식으로 복잡하게 얽혀 있기 때문에 거래의 실체를 파악하기 어렵고, 그래서 리스크 관리가 어렵게 된다는 문제가 있다.

4

스테이블코인을
허용해야 하는 이유

미국과 중국의 디지털 화폐 패권전쟁이 본격화되고 있다. 중국 정부가 자국의 디지털 화폐를 해외 결제에 활용하는 방안을 추진하자 미국도 보고만 있을 수 없는 상황이 된 것이다. 미국과 중국이 모두 디지털 세상에서 자국 화폐의 글로벌화를 추진하지만, 두 나라가 취하는 전략은 사뭇 다르다. 중국은 정부가 직접 나서서 디지털 위안을 만들어 유통하는 방안을 들고 나왔지만, 미국은 스테이블코인[4]을 유통하는 방안이 유력하다. 디지털 위안은 중국의 인민은행이 발행하는 디지털 화폐이지만, 스테이블코인은 미국의 정부가 발행하는 화폐는 아니고, 은행이나 플랫폼 기업들이 발행하는 코인이다. 과연 어떤 방법이 더 효과적일까?

자국의 화폐가 글로벌화가 된다는 의미는 결국 해외에서 많이 사용

---

4) 이 책에서 말하는 스테이블코인은 현금성 자산 등 실물자산을 담보로 하는 스테이블코인에 한정한다. 테라(UST)와 같이 알고리즘에 의한 스테이블코인은 해당되지 않는다.

한다는 것이다. 이를 위해 중국 정부가 직접 나섰다. 중국 정부는 디지털 위안의 해외 사용과 관련된 여러 가지 활동을 하고 있는데, 예를 들면, 분산 원장 기술을 활용해 외환을 실시간으로 역외거래하는 결제 시스템을 개발하는 것을 목표로 하는 중앙은행 디지털 통화 가교 (Multiple Central Bank Digital Currency Bridge, M-CBDC Bridge)에 가입하겠다고 발표했고, 여권을 비롯한 신분증만 있으면 외국인도 디지털 위안을 담을 수 있는 지갑을 만들 수 있도록 했다. 하지만 이제 첫걸음을 뗀 만큼 디지털 위안이 글로벌화가 되려면 상당한 노력과 시간이 필요할 것이다.

반면 미국은 연준에서 디지털 달러를 직접 발행하기보다는, 민간 기업으로 하여금 스테이블코인을 발행하도록 해 디지털 세상에서도 달러 패권을 유지한다는 전략을 사용할 것으로 보인다. 이와 관련해 2021년 1월, 미국의 통화감독청(Office of the Comptroller of the Currency, OCC)에서는 의견서를 발표했는데, 그 내용은 미국 은행들이 앞으로 블록체인 망을 통해 정식 결제업무를 처리할 수 있고, 은행들이 직접 스테이블코인을 발행할 수 있다는 것이었다. 즉, 스테이블코인이 정식 결제 수단으로 인정을 받았다는 의미다. 통화감독청은 스테이블코인은 미국 달러와 1:1로 페그되어 발행되기 때문에, 스테이블코인이 사실상 달러를 블록체인 위에서 유동화된 것으로 볼 수 있다는 의견이다. 미국 은행이 스테이블코인을 발행하는 경우 실질적으로 미국 달러가 디지털 형태로 유통되는 것이기 때문에 달러 지배력이 확장된다고 보는 시각이다.

그런데 스테이블코인은 현재만 해도 약 120개가 개발되었다고 하는데, 중구난방의 스테이블코인이 어떻게 달러 패권에 기여하는지에 대해 의문을 가질 수 있다. 이에 관해 설명하자면, 비록 스테이블코인이 종류가 많아도 모두 달러에 연동된다. 종류와 관계없이 스테이블코인은 모두 1개당 1달러라는 사실은 변하지 않는다. 이를 담보하기 위해 스테이블코인 1개가 발행될 때마다 은행에 1달러를 예치한다. 결국, 어떤 스테이블코인이 유통되든 관계없이 이는 달러로 간주될 수 있다는 것이다.

화폐가 확실한 패권을 차지하기 위해서는 더 많은 사람이 해당 화폐를 사용해야 한다. 달러의 역사를 보면 이해가 쉽다. 다들 아시다시피 미국의 닉슨(Nixon) 대통령은 1971년에 금과 달러의 교환을 중지했다. 이를 '닉슨 쇼크'라고 한다. 이로 인해 달러의 지위가 흔들리게 되자 미국은 달러의 패권을 유지하기 위한 새로운 계획이 필요했다. 그것은 더 많은 사람이 달러를 사용하도록 하는 것이다. 즉, 달러를 더 많이 공급해도 달러의 가치가 하락하지 않는 시스템을 만드는 것이다. 그래서 1974년 헨리 키신저(Henry Kissinger) 국무장관이 사우디아라비아 국왕을 만나 군사 및 경제 협정을 체결했다. 사우디아라비아는 수니파가 지배하고 있지만, 주변국인 이란 등은 시아파가 지배하고 있다. 그래서 미국이 사우디아라비아의 안전을 보호해주는 대신, 사우디아라비아는 원유 결제로 달러만 가능하도록 합의한 것이다. 이렇게 됨으로써 원유가 필요한 국가들은 모두 달러를 사용할 수밖에 없게 되었다. 원유가 필요한 나라는 모든 국가이므로, 사실상 모든 국가에서 달러를 사용할 수밖에 없었고, 이는 달러의 저변확대로 이어졌다. 당연히 달러의 가치가 유지되는 데 결정적 계기가 되었다.

현재 달러는 은행 서비스를 이용할 수 있는 지역에서는 전부 사용된다고 볼 수 있어서 실물 달러의 저변을 더 넓히기는 어렵다. 이제 남은 지역은 은행 서비스에 접근하기 어려운 곳들이다. 이 지역에 사는 사람들까지 달러를 사용하게 되면 달러의 힘은 더욱 강해질 것이다. 페이스북의 리브라 백서에 의하면, 가장 기본적인 금융 서비스조차 받을 수 없는 사람들이 전 세계에 17억 명이나 있다고 한다. 예를 들면, 인도 인구의 절반이 은행 통장이 없고, 동남아 인구의 40%가 은행 통장이 없다. 은행에 접근할 수 없으니 달러를 사용할 방법이 없다. 그런데 미국의 입장에서 이런 문제를 해결해줄 수 있는 것이 스테이블코인이다. 은행이 없는 저개발 국가에서는 통상 핸드폰이 은행 역할을 한다. 핸드폰으로 돈을 받고, 또 핸드폰으로 결제를 하는데, 이 영역에서는 미국의 다국적 플랫폼 기업들이 진가를 발휘할 수 있다.

메타플랫폼스(과거 페이스북)를 생각해보자. 인도나 아프리카 사람들도 페이스북, 인스타그램, 왓츠앱 등 메타플랫폼스의 플랫폼을 많이 사용한다. 만약 메타플랫폼스가 산하 플랫폼 기업들을 통해 달러에 연동되는 스테이블코인을 유통하면, 은행 서비스를 이용할 수 없는 지역에까지 미국의 달러가 유통되는 효과가 있어서 달러의 저변이 더욱 확대되고, 달러는 더욱 강해질 것이다. 즉, 미국 정부는 연준에서 CBDC를 직접 만들어 유통하는 것보다는 스테이블코인을 유통하는 것이 더 효과적이다.

그러면 중국은 어떤 방식으로 디지털 위안을 유통하는 것이 가장 효과적일까? 아무래도 중국 정부가 직접 디지털 위안을 글로벌하게 유통하기에는 한계가 명확하다. 메타플랫폼스나 구글과 같이 이미 세계적으로 수십억 명의 유저를 확보한 미국의 플랫폼 기업과 경쟁할 수는 없기 때문이다. 그렇다면 중국도 정부가 직접 나서서 디지털 위안화의 사용을 독려하는 것에 그치지 않고, 중국의 플랫폼 기업들을 이용할 가능성이 크다. 즉, 알리바바나 텐센트와 같은 자국의 플랫폼 기업들이 디지털 위안으로 결제를 하도록 하는 것이다. 예를 들어, 외국인이 텐센트의 게임을 할 때 디지털 위안으로 결제를 하는 것과 같은 것이다. 그러면 외국인들은 게임을 하기 위해 디지털 위안을 사용하는 것과 마찬가지가 되기 때문이다.

알리바바, 텐센트, 틱톡과 같은 중국의 플랫폼들은 비록 메타플랫폼스나 구글의 미국 플랫폼보다는 화력이 떨어지지만 만만치 않은 영향력을 행사한다. 그러면 미국의 관점에서 볼 때, 디지털 위안화의 글로벌화를 촉진하는 중국의 플랫폼 기업들을 그대로 보고만 있을 것인가? 그렇지는 않을 것이다. 화폐 전쟁의 승자가 되기 위해서는 인정사정 볼 것 없기 때문이다.

2003년, 미국이 이라크를 공격한 명분은 이라크의 대량살상무기를 제거함으로써 자국민을 보호하고 세계평화에 이바지한다는 것이었다. 하지만 이는 명분에 불과할 뿐이고, 실제로는 달러의 패권 유지 때문이었다는 것은 다들 알고 있는 사실이다. 이라크 공격을 주도한 주체는 미국의 국방부가 아니라 재무부였다는 사실이 이를 시사한다. 미국은 1944년에 금 1온스당 35달러로 고정을 하고, 다른 나라 통화는 미국의 달러에 고정을 했다. 이 협정이 미국 뉴햄프셔 주의 브레튼우즈에서 체결되었다고 해서 '브레튼우즈 체제'라고 부른다. 그런데 독일과 일본이 문제를 일으키게 된다. 제2차 세계대전 후 미국의 도움으로 경제적 발전을 이뤘음에도 불구하고, 이들 국가는 미국에 수출해서 번 달러를 금으로 바꿔달라고 요구한다. 그러자 달러의 지위가 흔들리고, 마침내 닉슨 대통령이 1971년 8월 15일에 금태환 금지를 발표한다. 이제는 달러를 금으로 바꿔주지 않겠다는 선언을 한 것이다. 앞에서 이야기한 '닉슨쇼크'다. 그 후 사우디아라비아와의 합의를 통해 원유 결제에 달러만 사용됨으로써 기축통화의 지위를 유지하게 되었다.

그런데 이라크가 미국 달러가 아닌 다른 통화로 원유 결제를 하려고 했고, 미국 재무부에서는 이러한 이라크의 행동을 묵과할 수 없었던 것이 바로 미국의 이라크 공격으로 이어진 것이다. 미국의 이라크 공격은 달러 패권을 유지하기 위한 전쟁이었다. 참고로, 사우디아라비아는 지금도 체제 안정을 위해 주변국에 많은 자금을 투입하고 있는데, 특히 예멘 같은 나라는 이른바 '밑 빠진 독'이라는 표현을 쓴다. 그래서 원유를 채굴하는 데 들어가는 원가는 배럴당 4달러에 불과하지만, 실제로는 배럴당 70달러가 재정균형을 맞출 수 있는 선이라고 한다.

이야기가 옆으로 빗나갔는데, 미국은 이라크를 침공하면서까지 달러의 패권을 유지하기 위해 노력했다. 달러가 디지털 기축통화로 자리를 잡는 데 가장 방해가 되는 것은 중국의 디지털 위안이다. 그리고 디지털 위안의 글로벌화는 중국 플랫폼 기업들을 매개로 해서 확장될 가능성이 크다. 트럼프 전 미국 대통령이 중국의 틱톡에 제재를 가한 적이 있다. 만약 알리바바, 텐센트, 틱톡과 같은 중국의 플랫폼 기업들이 달러의 패권 유지에 방해가 된다고 생각하면 이번에도 상당한 제한을 가할 것이다. 내가 중국 플랫폼 기업의 투자에 조심해야 한다고 생각하는 이유다.

5

플랫폼 기업이
우리의 미래인 이유

영국의 스테이블코인 규제

2021년 3월 말, 영국의 존 글렌(John Glen) 재무장관은 "암호화폐 시장을 폭넓게 규제하기보다는 스테이블코인 규제에 초점을 맞출 것"이라고 말했다. 글렌 재무장관은 "일부 기업들이 규모와 기존 온라인 서비스 접속 능력을 기반으로 신속하게 시장을 지배하고, 경쟁자들을 몰아낼 잠재적 가능성이 있다"라고 말해 스테이블코인을 경계했지만, "폭넓은 암호화폐 시장에 개입할 필요성은 덜 시급한 것으로 믿는다"라고 덧붙이면서 비트코인 등 기존의 가상자산에 대해서는 부정적인 입장 표명을 하지 않았다. 영국은 왜 유독 스테이블코인에 대해서는 극도의 경계감을 나타낼까? 그 이유는 영국에는 영향력 있는 자국의 플랫폼 기업이 없기 때문이다.

스테이블코인이라 함은 통상적으로 테더(USDT)나 유에스디코인 (USDC) 등 거래소에서 코인을 구매하기 위한 매개체로 생각하지만, 사실은 플랫폼 기업을 매개로 해서 유통될 가능성에 주목해야 한다. 만약 메타플랫폼스나 구글 등 거대한 플랫폼 기업들이 스테이블코인을 유통한다면 이로 인한 파괴력은 어렵지 않게 짐작할 수 있다.

우리나라의 핸드폰 결제 업체 중 하나인 다날은 페이코인을 만들어 유통하고 있다. 페이코인은 스테이블코인은 아니다. 하지만 오프라인에서는 세븐일레븐, CU, 미니스톱 등 편의점에서 사용할 수 있고, 달콤커피에서도 사용할 수 있다. 온라인에서는 도미노피자, KFC, BBQ 등에서 사용할 수 있다. 다날은 우리나라의 중소 업체이기 때문에 시장에 미치는 영향력이 한정적이다. 그런데 만약 글로벌 기업인 메타플랫폼스가 유통하면 어떨까? 전 세계 결제 시장에 미치는 파급력은 상당할 것이다. 메타플랫폼스는 페이스북, 인스타그램, 왓츠앱 등 전 세계인들이 애용하는 플랫폼을 보유하고 있다.

하지만 메타플랫폼스나 구글이 스테이블코인을 장착해도 우리나라에 미치는 영향력은 제한적일 것이다. 우리의 토종 플랫폼 업체인 네이버와 카카오가 이미 시장을 선점하고 있고, 또 정서적으로도 동질감을 느끼지 못하기 때문이다. 그렇지만 영국은 다를 것이다. 다시 영국으로 시각을 돌려보자. 메타플랫폼스가 스테이블코인을 유통한다면 영국의 결제 시장에 어떤 영향을 미칠까? 영국 결제 시장의 구조에 대해서 나는 잘 모른다. 하지만 이로 인한 막강한 파괴력은 어렵지 않게 예측할 수 있다. 영국에는 자국 고유의 플랫폼 기업들이 없고, 정서적으로 메타플랫폼스의 플랫폼에 대한 이질감이 없기 때문이다.

영국에서 물건을 살 때는 자국의 화폐인 파운드화를 사용한다. 당연한 이야기다. 런던의 스타벅스에서 커피를 마시면 현금을 사용하든, 신용카드를 사용하든 모두 파운드화로 결제된다. 그런데 만약 메타플랫폼스가 유통하는 스테이블코인을 사용하면 어떨까? 우리가 다날의 페이코인으로 오프라인에서 커피를 사고, 온라인에서 피자를 시키듯이, 영국 사람들이 스테이블코인으로 결제를 하면 어떻게 될까? 스테이블코인으로 결제를 한다는 것은 사실상 달러로 결제를 하는 것과 마찬가지다. 발행량만큼 달러가 금융기관에 예치되기 때문이다. 즉, 영국 국민이 자국에서 파운드화 대신 달러를 쓰게 되는 것이다. 그래서 영국 정부가 극도의 경계감을 나타내는 것이다. 스테이블코인이 널리 쓰이면 쓰일수록 파운드화의 위상이 약화할 것이다. 더구나 다날은 플랫폼 기업이 아니어서 페이코인이 범용적으로 사용되기 어려운 구조적 문제가 있지만, 메타플랫폼스는 글로벌 플랫폼 기업이다. 영국 사람들 대부분은 페이스북이나 인스타그램, 왓츠앱 중 최소한 하나는 사용하고 있다고 봐도 무방하다. 그러므로 우리가 네이버페이나 카카오페이의 QR코드를 이용해 쉽게 결제하듯이, 스테이블코인도 영국의 결제 시장에서 영향력을 급속하게 키워갈 것이다.

2021년 3월, 글로벌 신용카드 기업인 비자(VISA)는 스테이블코인 중 하나인 USDC를 신용카드 결제에 활용될 수 있도록 지원한다고 밝혔다. 즉, 비자카드를 사용할 수 있는 곳에서는 USDC라는 스테이블코인을 활용해서 결제할 수 있게 되는 것이다. 플랫폼 기업이라고 USDC를 결제수단으로 사용하지 말라는 법은 없다. 그러므로 영국의 재무장관이 스테이블코인을 규제하겠다고 나서는 것이 당연하다.

정리하자면, 영국이 스테이블코인에 긴장하는 이유는 미국의 글로벌 플랫폼 기업에 의해 달러 기반의 스테이블코인이 자국의 결제 시장을 잠식해 파운드화의 위상을 약화하는 것이 두렵기 때문이다. 여기서 우리는 플랫폼 기업의 중요성에 대해 알 수 있다. 우리나라에는 다행스럽게도 세계로 뻗어 나가는 대표 플랫폼 기업들이 있다. 바로 네이버와 카카오다. 만약 네이버와 카카오가 원화에 페그되는 암호화폐를 국제무대에서 유통한다고 생각해보자. 우리의 통화인 원화의 펀더멘털이 굉장히 탄탄해지고, 국제적인 위상도 올라갈 것이다.

우리나라 지식인 중 일부는 우리 경제가 이미 일본을 넘어섰다는 이야기를 한다. 정말 그럴까? 한 나라의 위상을 보여주는 척도는 그 나라의 화폐다. 자국의 화폐가 국제적으로 어떤 대접을 받는지를 보면 그 나라의 위상을 알 수 있다. 2016년 6월 24일, 브렉시트가 결정된 날에 파운드화와 유로화의 가치는 폭락했지만, 반대로 엔화의 가치는 상승했다. 그날 우리 주식 시장의 코스피(KOSPI)도 장중 100포인트가량 하락했고, 원화도 3%가량 하락지만, 일본의 엔화는 오히려 5%가 상승했다. 그만큼 일본의 엔화는 미국의 달러에 버금가는 신뢰를 받고 있다. 아베 정권(安倍晋三)이 '아베노믹스'라는 미명 아래 사실상 무제한 양적 완화를 단행한 적이 있는데, 이같이 발권력을 동원해 통화가치를 하락시키는 것은 우리나라는 절대로 할 수 없는 정책이다. 아직은 우리의 원화가 일본의 엔화를 도저히 따라갈 수 없다는 것이다. 그런데 원화의 위상을 획기적으로 높일 방법이 있다.

21세기의 화폐 전쟁은 플랫폼을 통해서

네이버는 많은 사업 부문이 글로벌화되고 있다. 예를 들어 네이버의 제페토는 전 세계에 2억 명의 이용자가 있다. 그리고 메타버스 바람을 타고 이용자가 급속히 증가하는 추세다. 또한, 네이버웹툰은 110개국에서 1위를 하는 글로벌 1위의 웹툰 플랫폼이다. 최근에는 세계 1위의 웹소설 업체인 '왓패드'를 인수해 그 위치를 더욱 공고히 하고 있다. 카카오 역시 세계 5위 웹소설 업체인 '래디시'를 인수해 네이버웹툰과 1위를 다투고 있다. 또한, 네이버의 '라인'은 일본과 대만 등에서 점유율 1위의 모바일 메신저이며, 동남아로 영향력을 급속히 넓혀가고 있다. 하이브의 위버스도 BTS의 인기를 등에 업고 글로벌한 콘서트 플랫폼으로서의 위치를 공고히 하고 있다. 이러한 국내의 플랫폼들이 원화 베이스 암호화폐를 결제수단으로 제공한다고 가정해보자. 그러면 수억 명의 지구인들이 네이버와 카카오, 그리고 위버스를 통해 원화를 사용하게 되는 것이다.

좀 더 상세히 설명을 해보자. 만약 은행 서비스가 취약한 남미에 있는 BTS 팬이 온라인 공연을 보기 위해 하이브의 위버스 플랫폼에 접속하는 경우를 생각해보자. 또는 네이버웹툰에 소액결제를 하는 경우를 생각해보자. 위버스 플랫폼이나 네이버웹툰이 원화 기반 스테이블코인으로 결제를 지원한다면, 해외에서도 이를 사용할 것이다. 이같이 해외에서 원화 기반의 스테이블코인을 사용하게 되면 원화의 저변이 확대된다. 그러면 원화의 펀더멘털이 강해지기 때문에 대외적인 경제여건으로 인해 원화가 불안해지는 현상을 줄일 수 있을뿐더러 위상 또한 강화될 것이다. 더 나아가 원화를 흡수해줄 새로운 시장이 만들어지는 것이기 때문에 인플레이션 억제 등 통화정책의 운용에도 상당한 유연성이 생기게 된다.

국내 대표 플랫폼 기업에 우리의 미래가 있다. 하지만 정부에서는 자꾸 플랫폼 기업을 규제하고, 암호화폐를 규제만 하려고 한다. 네이버나 카카오 모두 개방형 블록체인의 활성화를 위해 암호화폐를 만들었지만, 정부의 규제 때문에 도저히 제대로 사업을 할 수 없어서 거의 방치된 상태다. 세계적으로 치열하게 펼쳐지는 화폐 전쟁의 기반은 플랫폼 기업들이다. 플랫폼 기업들이 없는 국가들은 미래의 화폐 전쟁에서 승리하기 힘들다. 전쟁으로 말하면 무기가 없기 때문이다. 우리나라에는 글로벌화가 잘 진행되고 있는 플랫폼 기업들이 있다. 전 세계에서 제대로 된 플랫폼 기업들을 보유하고 있는 나라는 미국, 중국, 우리나라 등 3개국 정도에 불과하다. 이들을 육성해서 미국의 구글, 메타플랫폼스, 그리고 중국의 텐센트, 알리바바와 경쟁하도록 해야 한다. 미래 화폐 전쟁의 첨병은 플랫폼 기업임을 잊지 말아야 한다.

4장

연금과 보험

1

같은 돈 내고 개인연금 2배로 받는 방법

직장인들은 대부분 국민연금과 퇴직연금에 가입해 있다. 하지만 강창희 트러스톤 자산운용 연금포럼 대표가 말했듯이 재수 없으면 120세까지도 사는 장수 만세의 시대에 이것만 가지고는 노후가 불안하다. 그래서 보험회사를 통해 개인적으로 따로 연금 상품에 가입하는데 이것을 '개인연금'이라고 한다. 그런데 보험회사의 연금 상품은 다른 금융상품에는 없는 사업비가 있다던가, 또는 평생 보장이나 100세 보장과 같은 옵션이 있어 구조가 꽤 복잡하다. 그래서 이 구조를 잘 이해하고 선택을 올바로 하면 같은 돈을 내고도 나중에 2배로 연금을 받는 것이 가능하다. 몇 가지 핵심적인 사항을 추려보겠다.

추가납입을 최대한 이용한다

보험사마다 추가납입이라는 제도가 있다. 통상적으로는 가입한 금액의 2배까지 더 납입할 수가 있다. 이 추가납입 제도를 최대한 이용하면 많은 이익이 된다. 예를 들면, 내가 매달 30만 원씩 '연금보험'에 납입하려고 한다. 그러면 통상적으로는 기본납입금을 30만 원으로 계약한다. 하지만 이런 방식보다는 기본납입금을 10만 원으로 계약한 후 추가납입금으로 20만 원씩을 더 납부한다. 즉, 보험회사와 매달 30만 원씩 납부하는 것으로 계약을 하는 것이 아니고, 10만 원씩 납부하는 것으로 계약을 한 후 추가납입을 통해 총 30만 원씩을 매달 납부한다. 그러면 매월 납입하는 보험료가 30만 원으로 동일하지만, 나중에 수령하는 연금에는 큰 차이가 생긴다.

이렇게 하는 이유는 추가납입의 사업비가 훨씬 저렴하기 때문이다. 보험에 가입한 후 얼마 지나지 않아 해약하면 원금도 못 찾는 이유는 과도한 사업비 때문이라는 것은 다들 아실 것이다. 그런데 추가납입하는 경우에는 사업비가 아주 저렴하거니 거의 없다. 기본납입이 평균 10% 정도의 사업비를 매달 공제한다면, 추가납입은 평균 1% 정도의 사업비만 공제하므로 추가납입을 이용하는 것이 훨씬 이익이다. 따라서 보험회사를 고를 때는 추가납입 시 사업비 차감이 없거나 가장 저렴한 회사를 고르는 것도 좋은 방법이다.

얼마나 차이가 나는지 간단히 계산을 해보자. 20세부터 30만 원을 기본납입으로 하고 20년 동안 납입한 경우와 10만 원을 기본납입으로 하고 20만 원을 추가 납입하는 경우를 비교해보자. 둘 다 60세부터 연금을 받고 연리는 5%로 가정해보자. 그러면 추가납입을 하는 경우, 60세가 되었을 때 약 1,700만 원 정도가 더 적립된다. 만약 80세부터 연금을 받는다면 약 4,500만 원 정도가 더 적립된다. 따라서 기본납입을 최대한 줄이고, 추가납입을 최대한 늘리는 것이 훨씬 이익이다.

상품을 쪼개서 가입한다

내가 '연금보험'에 매달 60만 원을 납입한다고 가정해보자. 추가납입을 최대한 많이 하는 것이 유리하므로, 기본납입을 20만 원으로 하고 추가납입을 40만 원으로 해야 한다. 이 방법이 가장 좋을까? 그렇지 않다. 이 경우에는 연금을 2개로 쪼개는 것이 좋다. 즉, 10만 원을 기본납으로 하는 상품 2개를 가입하는 것이 좋다. 그러면 추가납입까지 매달 60만 원을 납부하므로 납입하는 금액은 동일하다. 하지만 이렇게 하면 나중에 연금을 받을 때 유리하다. 연금 상품은 일단 연금개시가 되면 최저보증이율 정도만 보장된다. 따라서 연금의 수익활동이 중단된다고 할 수 있다. 그래서 이럴 때는 연금을 2개로 나눠서 하나는 먼저 받기 시작하고, 나머지 하나는 5년이 지난 후부터 받을 수 있도록 설계한다. 그러면 두 번째 연금은 5년 동안 열심히 수익활동을 더 하게 된다. 특히 통상적으로는 연금을 처음 받을 때가 돈이 더 필요한 시기다. 자녀 결혼 등 자금의 소요가 집중되는 시기이기 때문이다. 그래서 개인연금을 2개로 나눠서 하나를 5년이나 10년 확정형으로 받아 필요한 곳에 사용하고, 나머지 하나는 그 후에 수령하도록 하면 더 효율적이다.

만약 매달 90만 원을 납입한다면 연금을 3개로 쪼개는 것이 좋다. 연금을 여러 개로 쪼개면 연금이 개시되지 않은 상품들은 수익활동을 계속하게 되므로 후에 수령할 금액이 늘어난다. 만약 연금을 3개를 받는다면, 우선 1개를 5년 확정형으로 받고, 그 보험을 다 받으면 또다시 5년 확정형으로 받고, 그 보험을 다 받으면 나머지를 종신형으로 받는 것이 수익률 면에서는 가장 유리하다. 참고로, 확정형은 언제든지 종신형으로 변경할 수 있다. 즉, 확정형으로 몇 개월 받았다고 할지라도 나머지 금액을 종신형으로 변경할 수도 있다.

부부가입자일 경우 '부부연금형'을 선택하지 않는다

'부부연금형'이라는 것은 부부 중 1명이 사망해도 남은 1명에게 계속 연금을 지급해주는 것이다. 양쪽 중 한쪽만 살아 있어도 연금이 지급되므로 매달 지급받는 연금의 금액이 많이 줄어든다. 통상적으로 '개인연금형'에 비해 20~30% 정도 연금이 더 적게 나온다.

평소의 건강상태나 나이 등을 고려해 더 오래 살 것 같은 사람을 연금 수령자로 해서 개인연금형 종신보험을 받는다면, 부부연금형으로 선택한 것보다 월 연금 수령액이 훨씬 너 낮아진다. 우리나라에서는 평균적으로 여자들이 나이가 더 젊고 평균수명도 길어서 여자 앞으로 개인연금형을 선택하는 것이 유리하다.

원금보장형을 선택하지 않는다

연금보험은 장기간 불입한 후 장기간 거치를 한 후 수령을 하게 된다. 그래서 원금보다는 불어난 돈이 훨씬 많게 되어 특별한 경우를 제외하고는 모두 원금 이상의 연금을 수령하게 된다. 즉, 원금을 보장한다는 것은 의미가 없다는 것이다. 그런데도 원금보장형을 선택하면 보험사에서는 약 0.5% 수준의 수수료를 떼어가고, 장기로 계산하면 납입금액의 약 10% 정도를 원금보장에 따른 수수료로 지불해야 한다. 따라서 원금보장형을 선택하지 않는다.

100세 보증과 같은 장기간 보장형 상품을 선택하지 않는다

평균수명이 늘어나면서 웬만한 청장년층들은 100세까지 살 가능성이 크다. 어차피 100세까지 사는데, 굳이 100세 보장형 상품을 선택해서 많은 수수료를 보험사에 낼 필요가 없다. 설사 100세까지 살지 못하더라도, 천수를 누리는 삶을 산다면 100세 보장형 상품보다 더 많은 연금을 받을 가능성이 훨씬 크다. 만약에 큰 병이 있는 사람이라면 당연히 100세 보장형 상품이 도움이 될 것이다. 하지만 건강한 사람은 100세 상품을 선택할 이유가 없다.

상속형을 선택하지 않는다

상속형은 본인이 낸 보험료 중 일부를 본인이 받고, 나머지를 자녀에게 상속하는 것이다. 그러므로 생존에 받을 수 있는 보험료가 너무 적어져서 연금으로서는 의미가 없다. 또한, 연금보험을 상속할 경우 상당액의 상속세를 내야 한다. 따라서 자녀에게 상속을 해주고 싶으면 다른 방법으로 상속을 해주고, 연금보험은 본인이 다 받는 것이 좋다.

이런 식으로 개인연금 상품을 설계하면 보험설계사가 추천하는 것보다 최소 2배 이상 연금을 받을 수 있다. 보험설계사들은 어차피 자신의 이익을 우선해 상품을 설계하기 때문에 우리가 스스로 공부하고 알아야 소비자의 권리를 제대로 찾을 수 있다. 예를 들면, 보험설계사들은 절대로 기본납입 금액을 줄이고 추가납입을 하는 방법을 추천하지 않는다. 개인적으로 받는 수당이 줄어들기 때문이다.

마지막으로, 지금 이야기하는 상품은 보험사에서 판매하는 '연금저축' 상품이다. 보험사에서 판매하는 '연금저축'의 장점은 종신으로 받을 수 있다는 것이고, 비과세라는 것이다. 비과세가 중요한 이유는 '연금소득세'가 없을뿐더러, 종합소득세의 대상에도 포함되지 않기 때문이다.

단리 5% 연금보험에 가입할까?
리츠(reits)에 투자할까?

　요즘 은행예금 금리가 2%에도 미치지 못하다 보니 보험사 상품 중에 단리 5%를 보장하는 연금보험 상품이 인기다. 언뜻 보면 5%라면 지금과 같은 저금리 시대에 굉장히 좋은 상품처럼 보인다. 이러한 연금보험은 10년 이상만 유지하면 비과세 혜택까지도 받는다. 표면적으로는 굉장히 매력적인 상품이다. 하지만 나는 단리라는 조건이 마음에 걸렸다. 단리와 복리는 하늘과 땅 차이라는 걸 잘 알고 있기 때문이다. 그래서 단리 5% 연금보험 상품과 복리로 투자가 가능한 상장 리츠를 비교해 시뮬레이션을 해봤다.

　분석에 앞서 상장 리츠에 대해 먼저 간단히 설명하겠다. 아마도 다들 아시리라 생각되지만, 리츠는 'Real Estate Investment Trusts'의 약자로, '부동산 투자 신탁'이라는 뜻이다. 소액 투자자들로부터 자금을 모아 건물 등 부동산에 투자하고 거기서 발생하는 수익을 배당하는 상품이다. 주기적으로 들어오는 임대료 등의 수입을 모아서 배당하므로, 매우 안정적인 상품이다. 오피스 임대를 비롯해 물류창고 임대, 주유소 임대, 데이터 센터 임대 등 다양한 상품이 있다. 상장 리츠는 주가의 등락은 크지 않지만, 배당은 꾸준히 들어온다. 그래서 또박또박 입금되는 임대료 수입을 원하지만, 목돈이 없는 분들이 건물주가 된다는 느낌으로 투자하기 좋은 상품이다.

주식 시장에는 많은 리츠가 상장되어 있다. 근래에 상장한 SK리츠, 디앤디플랫폼리츠, 롯데리츠 등 대기업 리츠를 비롯해 신한알파리츠, NH프라임리츠, 코람코에너지리츠 등이 있다. 리츠의 특징을 간단히 서술하자면 다음과 같다.

첫째, 리츠는 배당가능 이익의 90% 이상을 배당으로 지급해야 법인세가 면제된다. 따라서 벌어들인 수익을 다 배당으로 지급한다고 볼 수 있다.

둘째, 리츠는 대부분 1년에 두 번 배당을 준다. 하지만 반드시 그런 것은 아니어서, 예를 들면, SK리츠는 분기별로 배당을 준다.

셋째, 2021년 12월 31일까지는 투자액 5,000만 원 이하에 대해 9.9%의 분리과세의 특례를 적용했다. 리츠의 안정적 수입을 통해 노후를 준비하라는 정부의 뜻이 반영된 것으로 생각한다. 향후에도 세제혜택이 주어질지 지켜볼 일이다.

이제 단리 5% 연금보험에 가입하는 경우와 5% 배당을 주는 상장 리츠에 투자하는 경우를 비교해보겠다. 참고로, 리츠는 연 5~6% 수준의 배당을 하므로, 5% 배당을 하는 리츠 상품을 찾기는 어렵지 않다.

단리 5% 연금보험에 가입하는 경우

37세의 여성이 매달 30만 원씩 10년을 납입하기로 약정했다고 가정해보자. 이 가입자가 30년이 지난 67세부터 연금수령을 시작한다면, 매달 약 34만 원 정도를 받을 수 있다. 즉, 67세부터 사망할 때까지 매달 34만 원을 연금으로 수령하게 된다.

연 5%의 배당을 받는 상장 리츠를 보유하는 경우

이번에는 5% 배당을 주는 상장 리츠에 투자하는 경우를 계산해보자. 편의상 9.9%의 분리과세가 계속된다는 가정하에 계산했다. 그 결과는 자료 4-1과 같다. 즉, 67세 이후로는 사망할 때까지 매월 약 42만 원을 받게 된다.

계산 방식은 다음과 같다. 37세의 여성이 상장 리츠에 10년간 매달 30만 원을 투자한 후, 11년째부터는 추가로 투자는 하지 않고, 원금과 배당금만 다시 재투자하는 방식으로 계산을 했다. 그래서 가입 후 20년이 지난 67세가 되면 111,627,345원이 모인다. 이를 연 5%의 배당을 주는 리츠에 그대로 두고 배당을 받는다고 가정한다. 그러면 매년 5,028,812원이 배당으로 나오므로, 월 419,068원을 평생 수령하게 된다. 편리한 계산을 위해 수식을 간편화하다 보니 약간의 오차는 있다. 예를 들면, 이 계산에서는 1년에 1회만 배당금을 지급하는 것으로 계산을 했지만, 실제로는 최소 2회 나눠서 배당한다. 하지만 이런 소소한 문제들은 무시하도록 하겠다.

자료 4-1. 연 5%의 배당을 받는 리츠에 10년을 투자하는 경우(단위 : 원)

연차	배당 전 금액	배당금(5%)	세금	세후 배당금	배당 후 금액
1	3,600,000	180,000	17,820	162,180	3,672,180
2	7,362,180	368,109	36,443	331,666	7,693,846
3	11,293,846	564,692	55,905	508,788	11,802,634
4	15,402,634	770,132	76,243	693,889	16,096,523
5	19,696,523	984,826	97,498	887,328	20,583,851
6	24,183,851	1,209,193	119,710	1,089,482	25,273,333
7	28,873,333	1,443,667	142,923	1,300,744	30,174,077
8	33,774,077	1,688,704	167,182	1,521,522	35,295,599
9	38,895,599	1,944,780	192,533	1,752,247	40,647,846
10	44,247,846	2,212,392	219,027	1,993,365	46,241,212
11	46,241,212	2,312,061	228,894	2,083,167	48,324,378
12	48,324,378	2,416,219	239,206	2,177,013	50,501,391
13	50,501,391	2,525,070	249,982	2,275,088	52,776,479
14	52,776,479	2,638,824	261,244	2,377,580	55,154,059
15	55,154,059	2,757,703	273,013	2,484,690	57,638,750
16	57,638,750	2,881,937	285,312	2,596,626	60,235,375
17	60,235,375	3,011,769	298,165	2,713,604	62,948,979
18	62,948,979	3,147,449	311,597	2,835,852	65,784,831
19	65,784,831	3,289,242	325,635	2,963,607	68,748,437
20	68,748,437	3,437,422	340,305	3,097,117	71,845,554
21	71,845,554	3,592,278	355,635	3,236,642	75,082,197
22	75,082,197	3,754,110	371,657	3,382,453	78,464,650
23	78,464,650	3,923,232	388,400	3,534,832	81,999,482
24	81,999,482	4,099,974	405,897	3,694,077	85,693,559
25	85,693,559	4,284,678	424,183	3,860,495	89,554,053
26	89,554,053	4,477,703	443,293	4,034,410	93,588,464
27	93,588,464	4,679,423	463,263	4,216,160	97,804,624
28	97,804,624	4,890,231	484,113	4,406,098	102,210,722
29	102,210,722	5,110,536	505,943	4,604,593	106,815,315
30	106,815,315	5,340,766	528,736	4,812,030	111,627,345
	111,627,345	5,581,367	552,555	5,028,812	
				419,068	

비교

단리 5% 연금보험은 67세부터 매달 34만 원을 평생 받는다. 하지만 본인이 사망하면 더는 아무것도 없다. 반면 리츠 투자는 67세부터 매달 42만 원씩을 평생 받는다. 그리고 본인이 사망하더라도 리츠에 투자한 투자금 111,627,345원은 그대로 남는다. 이 돈은 자녀에게 상속되어 상속세의 재원으로 활용될 수도 있다. 살아 있는 동안 연금도 더 많이 받고, 사망한 후에도 유족에게 상당한 금액을 유산으로 남길 수도 있는 것이 리츠다. 물론 향후 세제의 변화라든가 기타 여러 제도가 바뀔 수도 있지만, 리츠가 단리 5% 연금보험보다 더 유리하다는 점은 변하지 않을 것이다.

그리고 급한 일이 생겨 중도에 투자를 중단할 경우 연금보험은 원금을 찾지 못하지만, 리츠에 투자한 경우는 원금에 그때까지의 배당금까지 추가로 찾을 수 있다는 점이 장점이다.

이를 표로 정리해보면 다음과 같다.

자료 4-2. 단리 5% 연금보험과 배당 5% 상장리츠의 비교

단리 5% 연금보험	1. 67세부터 매달 34만 원씩 평생 수령 2. 본인이 사망하면 더 이상의 혜택 없음 → 자녀에게 상속할 재원 없음 3. 중도 해지할 경우 → 원금 손실이 발생함
배당 5% 상장리츠	1. 67세부터 매달 42만 원씩 평생 수령 2. 본인이 사망하면 약 1억 1,100만 원의 주식이 남음 → 자녀에게 상속할 수 있음 3. 중도 해지할 경우 → 원금 + 배당금을 수령함

리츠는 연금보험보다 살아 있는 동안 연금도 더 많이 받고, 사망한

후에도 유족에게 투자금을 유산으로 남길 수도 있다는 장점이 있다. 내가 여기서 하려는 말은 항상 표면적 수치보다는 숨겨진 조건을 알고 계산해봐야 한다는 것이다. 같은 5%이지만, 단리냐, 복리냐에 따라 이렇게 큰 차이를 만들어낸다. 보험사가 연금보험 상품을 운영할 때도 개인 투자자들과 마찬가지로 상장 리츠나 고배당주와 같은 상품에 투자할 것이다. 이런 상품들은 단기적으로는 상승이나 하락을 예측할 수 없지만, 20년이나 30년 동안 꾸준히 유지할 경우 안정적인 수익률을 올릴 수 있음을 보험사도 잘 알고 있기 때문이다. 누구나 할 수 있는 투자인데, 굳이 보험사에 맡겨서 우리 노후 자금의 상당 부분을 그들에게 떼어줄 필요는 없다고 생각한다.

3

연금보험에 가입할까?
오피스텔을 살까?

앞에서는 단리 5% 연금보험과 리츠(reits)를 비교했다. 비슷한 맥락에서 이번에는 통상의 연금보험과 오피스텔을 비교해보자. 55세의 남성이 통상의 연금보험에 매월 200만 원씩 5년을 불입한 후 5년을 거치한다고 하자. 그러면 금리에 따라 약간의 변동은 있겠지만 65세부터 대략 55만 원 정도의 금액을 평생 수령한다.

이번에는 똑같은 사람이 똑같은 금액을 똑같은 기간 동안 연 5%의 수익을 올리는 배당주나 리츠에 투자해서 목돈을 만든 후 부동산을 매수하는 경우를 보자. 이 사람은 65세가 되면 177,716,984원을 모으게 된다.

대기업 건설사가 분양한 서울 강남역 부근에 있는 오피스텔 시세를 찾아봤다. 네이버를 통해 검색해본 결과, 2022년 1월 기준 15평 오피스텔의 시세는 1억 7,000만 원에서 1억 9,000만 원 수준이었다. 그리고 이 오피스텔의 임대료는 보증금 1,000만 원에 월세 74만 원, 또는 보증금 5,000만 원에 월세 50만 원이었다. 혹시라도 임대 걱정은 없느지 알아보기 위해 근처 공인중개사 사무실에 전화를 해봤다. 서울의 중심지이기 때문에 임대수요는 문제가 없다는 답변이었다.

자료 4-3. 서울 강남구 역삼동 15평 오피스텔 매매가격(2022년 1월 기준)

출처 : 네이버 부동산

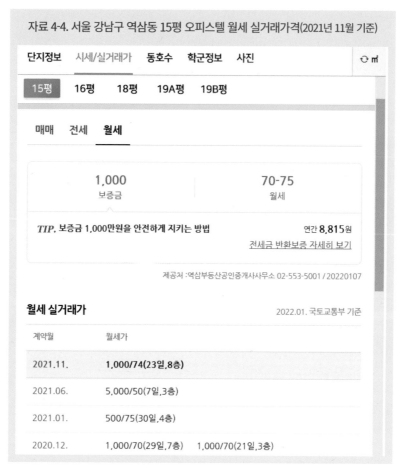

자료 4-4. 서울 강남구 역삼동 15평 오피스텔 월세 실거래가격(2021년 11월 기준)

단지정보	시세/실거래가	동호수	학군정보	사진	↻ ㎡

15평	16평	18평	19A평	19B평

매매　전세　**월세**

1,000 보증금	70-75 월세

TIP. 보증금 1,000만원을 안전하게 지키는 방법　　　연간 8,815원
전세금 반환보증 자세히 보기

제공처 :역삼부동산공인중개사사무소 02-553-5001 / 20220107

월세 실거래가　　　　　　　　　　2022.01. 국토교통부 기준

계약월	월세가	
2021.11.	1,000/74(23일,8층)	
2021.06.	5,000/50(7일,3층)	
2021.01.	500/75(30일,4층)	
2020.12.	1,000/70(29일,7층)	1,000/70(21일,3층)

출처 : 네이버 부동산

　　정리를 해보자. 만약 보험회사의 연금보험에 가입할 경우 평생 55만 원 정도를 수령한다. 그리고 본인이 사망하면 끝이다. 더는 보험료가 나오지 않는다. 그런데 만약 같은 돈으로 서울 강남의 중심지에 있는 오피스텔을 매수한다면, 보증금 1,000만 원과 매월 월세 74만 원의 수입이 생긴다. 물론 세금 등이 발생하겠지만, 이는 개인의 사정에

따라 다르므로 여기서는 생략하겠다. 그리고 본인이 사망하면 오피스텔은 그대로 남아서 유족들에게 상속할 수 있다. 어떤 것이 더 유리할까? 그래서 웬만하면 어떤 형태의 보험이든 보험사 상품에는 되도록 가입하지 않는 것이 이익이라고 나는 생각한다. 이를 표로 정리해보면 다음과 같다.

자료 4-5. 통상의 연금보험과 오피스텔의 비교

생명보험사 연금보험	1. 65세부터 매달 55만 원씩 평생 수령 2. 본인이 사망하면 더 이상의 혜택 없음 → 자녀에게 상속할 재원 없음 3. 중도 해지할 경우 → 원금 손실이 발생할 수도 있음
서울 중심지 오피스텔	1. 65세부터 매달 75만 원의 월세 평생 수령 2. 본인이 사망하면 약 1억 7,000만 원~1억 9,000만 원의 오피스텔이 남음 → 자녀에게 상속할 수 있음 3. 중도 포기할 경우 → 원금 + 배당금을 수령함

4

국민연금 조기수령,
이익일까? 손해일까?

통상적으로 우리가 국민연금이라고 부르는 것은 노령연금이다. 노령연금은 출생연도에 따라 수급개시연도가 달라진다. 다음의 자료 4-6은 노령연금을 받기 시작하는 시점을 표시한 것이다. 지금 활발하게 경제활동을 하는 사람들은 대부분 1969년 이후에 출생한 사람들이기 때문에 만 65세부터 국민연금을 받기 시작한다. 하지만 통상적으로는 65세 이전에 퇴직하는 경우도 많다. 그러므로 65세에 노령연금을 받게 되면 수년 동안은 수입이 없어서 경제적 어려움에 처할 수 있다. 그래서 국민연금에서는 조기노령연금제도를 운영하고 있다. 즉, 국민연금에 가입한 기간이 10년 이상이고, 소득이 없는 경우에는 노령연금은 최대 5년 당겨서 지급받을 수 있다. 수령 금액은 빨리 받기 시작하는 연수에 따라 차감된다. 즉, 1년 앞당겨서 받으면 6%가 감액되고, 5년 앞당겨 받으면 30%가 감액되어 지급된다.

자료 4-6. 출생연도별 노령연금 수급개시 연령

출생연도	수급개시 연령	
	노령연금	조기수령
1952년생 이전	60세	55세
1953~1956년생	61세	56세
1957~1960년생	62세	57세
1961~1964년생	63세	58세
1965~1968년생	64세	59세
1969년생 이후	65세	60세

이와 관련해 연금 전문가들은 소득이 없는 동안 정말 어렵고 마땅한 대안이 없는 경우에만 조기수령을 하라고 권유한다. 왜냐하면, 정상적으로 65세에 노령연금을 수령하는 경우와 5년을 앞당겨서 받는 경우는 77세기 되면 정상적으로 받는 사람의 수령액이 더 많아진다는 계산 때문이다. 수명이 연장되는 추세를 감안할 때 조기연금의 불리한 금액이 점점 커지므로 정말 급한 경우가 아니면 국민연금은 절대조기수령을 하지 말라는 것이다. 이제는 100세 시대가 눈앞이다. 건강에 문제가 있는 경우가 아니면 대부분 기대수명이 77세 이상이다. 그런 관점에서 보면 조기수령을 하지 말라는 권유가 맞는 말이고, 나도 같은 의견이다. 하지만 이론적으로는 꼭 그런 것만은 아니라는 점을 이야기하고자 한다.

월 100만 원을 받기로 예정된 수급자가 있다고 가정해보자. 만약 5년을 조기수령하면 매월 70만 원을 받게 된다. 즉, 정상적으로 받으면 65세부터 100만 원을 받는데, 조기연금을 신청하면 60세부터 70만 원을 받게 된다. A라는 사람은 정상적으로 노령연금을 수령하고, B라는 사람은 5년을 앞당겨서 노령연금을 받는 경우를 생각해보자.

B라는 사람은 조기연금을 받아서 이를 배당주에 투자한다. 안정적 이익을 내면서 매년 7% 수준의 배당을 주는 회사에 5년간 투자한다. 주식 투자를 공부한 분들은 매년 7% 정도의 배당을 주는 회사의 주식을 어렵지 않게 고를 수 있다. 딱히 주가 상승을 바라지 않고 배당만 생각하면 더욱 그렇다. 배당주를 고르는 방법은 여러 가지 노하우가 있다. 그중 한 가지 방법을 이야기하면, 고배당이 예상되는 주식 30여 개를 추려서 주가 흐름을 확인하고 있다가 주가가 시가배당률 기준 7% 이상이 되도록 하락하는 순간, 해당 주식을 매수하는 것이다.

B라는 사람이 시가배당률 7%가 되는 주식을 매수했다고 가정하고 계산을 해보자. 자료 4-7을 보면 매월 받는 30만 원의 조기연금과 이 기간에 받은 배당금을 재투자할 경우 6년째부터는 배당금으로만 매년 3,618,135원을 받게 된다. 즉, 매달 301,511원을 배당으로 받는 셈이다.

자료 4-7. 국민연금을 5년 조기수령 하는 경우(단위 : 원)

구분	배당률 : 연 7%		
	전년도로부터 이월	금년에 수령한 연금	배당금
61세		8,400,000	588,000
62세	8,988,000	8,400,000	1,217,160
63세	18,605,160	8,400,000	1,890,361
64세	28,895,521	8,400,000	2,610,686
합계	39,906,208	8,400,000	3,381,435
1969년생 이후	51,687,642		3,618,135

정리를 해보자. 만약 65세부터 정상적으로 노령연금을 받으면 매월 100만 원씩을 받는다. 그런데, 만약 연금을 60세부터 조기수령하게 되면 노령연금 70만 원과 주식배당금 30만 원을 합해 매월 100만 원

을 65세부터 받게 된다. 즉, 65세부터 정상적으로 연금을 받으나, 60세부터 조기연금을 받으나 매월 수령하는 금액은 100만 원으로 동일하다. 하지만 만 60세부터 조기수령을 하면 매월 수령하는 100만 원 외에 약 5,200만 원 상당의 주식이 추가로 생기게 된다. A씨의 경우 국민연금을 평생 100만 원씩을 받다가 본인이 사망하면 아무것도 남지 않지만, 조기연금을 받은 B씨의 경우는 본인이 사망해도 5,200만 원의 자산을 유족에게 남기게 되니 훨씬 이익이다. 유족들은 5,200만 원을 상속세 재원으로 활용할 수 있다.

A씨가 사망한 후 받는 유족연금은 금액이 축소된다. 하지만 B씨가 수령하는 배당금은 축소되지 않으므로 B씨 유족이 나중에 훨씬 큰 혜택을 보게 된다. 참고로 유족연금은 조건이 까다롭다. 유족연금은 이전 수급권자와의 관계가 변동될 경우 수급권이 박탈된다. 또 본인과 배우자 2명이 모두 국민연금에 가입한 상태라면, 한쪽 배우자가 사망하면 본인의 노령연금과 유족연금을 동시에 수령 받을 수 없다. 둘 중 낮은 한쪽을 포기해야 하는데, 배당주는 그럴 염려가 없다.

한 가지 추가로 이야기하자면, 여기서 세금은 계산에 넣지 않았다. 세금은 개인마다 사정이 다르기 때문이다. 배당금에 대해서는 15.4%의 '배당소득세'를 납부해야 한다. 이자나 배당금을 포함한 금융소득이 2,000만 원을 넘지 않으면 종합과세 대상이 아니지만, 2,000만 원이 넘으면 초과분에 대해 종합소득세 신고를 해야 한다. 예를 들어, 배당금이 3,000만 원이면 이 중 1,000만 원은 종합과세 대상이 된다. 만약 ISA계좌를 이용한다면 순소득에 대해 200만 원까지는 비과세이고, 200만 원 초과 금액에 대해서는 9.9%의 분리과세가 적용된다. 국민연금은 2002년분부터는 금액과 관계없이 무조건 종합과세 대상이다. 종합소득세 세율은 6.6%에서 46.2% 사이로 누진세율을 적용한다. 다른 소득이 얼마나 있느냐에 따라 종합소득세가 적을 수도 있고, 많을 수도 있다.

자료 4-8. 소득세 과세표준 구간 및 세율

과세표준구간	세율
1,200만 원 이하	6%
1,200~4,600만 원	15%
4,600~8,800만 원	24%
8,800만 원~1억 5,000만 원	35%
1억 5,000만 원~3억 원	38%
3~5억 원	40%
5~10억 원	42%
10억 원 초과	45%

요즘은 의학과 약학이 발달해 100세까지 사는 것이 드물지 않은 시대가 되었다. 그러다 보니 부모님 세대의 수명도 연장되어 자녀들이 국민연금을 받을 때쯤 부모님이 돌아가시는 경우가 빈번하다. 그런데 만약 수익형 부동산을 유산으로 상속받는 경우라면 종합소득세가 급격히 늘어난다. 이런 경우에는 국민연금도 높은 세율이 적용된다. 세금 문제에 있어서는 각자 처한 위치에 따라 편차가 있다.

자료 4-9. 공적연금과 금융소득

공적연금 (국민연금)	– 기타 소득이 있을 경우, 2002년 이후 납입금액으로부터 발생하는 연금에 대해서는 종합과세 대상
금융소득 (배당금과 이자)	– 2,000만 원 이상의 금융소득이 있으면 종합과세 대상 – 2,000만 원을 넘어서는 초과 금액만이 과세 대상

요약하면, 국민연금을 조기에 수령하자는 것이 아니다. 조기에 수령할 경우, 또는 수령을 늦출 경우 어떤 장단점이 있는지 정확히 알고 결정을 해야 한다는 것이다. 만약 65세인 지급일을 1년 늦추면 연간 7.2%를 더 받을 수 있다. 최대 5년까지 늦출 수 있으므로 최대 36%를 더 받을 수 있다. 그래서 언론에서는 여유가 있고 건강에 자신이 있는 사람은 연금을 무조건 늦춰 받는 것이 이익이라고 한다. 하지만 무조건이라는 건 없다. 각자 처한 사정에 따라 다르다. 특히 국민연금은 항상 종합소득세와 연관해서 생각해야 한다. 예를 들어, 임대수입이 많을 것으로 예상하는 사람은 오히려 조기수령이 유리할 수도 있다. 사정에 따라서는 앞에서 설명한 것과 같이 조기수령 후 배당주에 투자하는 경우가 더 유리할 수도 있다는 것이다. 자신의 상황을 종합해서 각자가 결정할 문제다.

5

주택연금에 무조건
가입해야 하는 이유

나는 1985년에 처음으로 해외에 갔다. 일본의 연구 및 학원 도시인 츠쿠바에서 엑스포 박람회가 열렸는데, 여름방학을 이용해 엑스포를 관람하려고 한 것이다. 그 당시는 출국에 엄격한 규제가 있던 때라 그 절차가 굉장히 복잡했고, 여러 가지 황당한 일이 많았다. 외국에 가기 위해서는 정부의 허가를 받아야 했는데, 출국을 허용하는 사유는 매우 한정적이어서, 단순한 해외여행은 당연히 정부에서 받아들이지 않았다. 또한, 유학을 하러 가려면 정부에서 시행하는 시험을 통과해야만 했는데, 난도가 꽤 높았다. 하지만 엑스포를 통해 견문을 넓히는 것이 국가의 미래에 도움이 된다고 생각했는지, 정부에서는 예외적으로 대학생들의 엑스포 관람을 허용했다. 마침 나는 일본의 동경에 있는 한 유명 대학교에 1년간 교환학생으로 추천받은 상태였는데, 일본어를 못 했기 때문에 두려움이 있었다. 그래서 교환학생으로 갈 것인지의 판단을 위해, 그리고 엑스포 관람을 위해 겸사겸사 일본에 갔었다.

1985년 당시 나는 병역이 미필이었기 때문에 병무청에 가서 출국 허가를 받아야 했고, 남산에 있는 자유센터에서 반공 관련 교육을 받아야 했다. 여권도 단수여권이어서 입국하자마자 천공(void)처리를 해 곧바로 무효화시켰다. 또 동사무소에 가서 입국 신고를 따로 하지 않으면 병역 관련 불이익을 당할 수도 있었다. 대한항공의 서비스도 지금과는 매우 달랐다. 스튜어디스가 한복을 곱게 차려입고 트럼프카드를 승객들에게 일일이 나눠줬다. 그런데 이상하게도 나에게는 트럼프카드를 주지 않았다. 그래서 나도 달라고 했더니 외국 승객들만 받을 수 있다고 했다. 선물을 주지 않아도 우리 국민은 어차피 대한항공을 이용할 수밖에 없다고 생각했기 때문인지, 아니면 도박과 관련된 물품은 우리 국민에게는 주지 말라는 일종의 정부 규제였는지는 잘 모르겠지만, 국적기가 자국민은 차별하나고 생각하니 조금 황당했었다.

동경의 나리타공항에 도착한 때는 8월 초였는데, 날씨가 아주 무더웠다. 공항에서 동경의 호텔로 이동하는 가운데, 통역 겸 가이드가 나리타 신도시에 관해 설명해줬다. 나리타에는 신도시가 건설되고 있었는데 직장은 동경에 있지만, 주거비를 감당할 수 없는 젊은 신혼 부부에게 나리타 신도시는 인기 있는 주거 타운이 될 것이라고 했다. 그 당시 서울의 집값은 높지 않았으므로, 비싼 주거비 때문에 2시간이나 걸려 출근하는 곳에 산다는 것을 나는 이해할 수 없었다. 출퇴근에 총 4시간이나 사용한다는 것은 하루의 여가를 거의 다 포기하는 것과 다를 바 없다고 생각했다. 참고로 그 당시 우리나라의 집값은 정말로 저렴했었다. 최근 40억 원을 돌파해 전국 최고가를 기록하고 있는 반포의 30평대 아파트가 그 당시 약 2,500만 원 정도 수준이었던 것으로 기억한다. 어쨌든 나리타의 신도시는 예정대로 생겼고, 가이드의 말대로 동경에 직장이 있는 젊은 사람들이 이곳에 정착했을 것이다. 하지만 그로부터 약 35년이 지난 지금의 나리타 신도시는 어떨까?

지금 일본의 신도시들은 급속한 고령화 문제를 겪고 있다. 고도경제성장기인 1970년대와 1980년대에는 지방에서 도시로 유입되는 인구를 수용하는 역할을 했던 일본 수도권 신도시였지만, 그 이후로는 젊은 세대가 유입되지 않아서 겪는 문제다. 일본의 신도시에 있는 학교와 놀이터에서는 아이들의 웃음소리와 활력이 넘쳐났지만, 이제는 그렇지 않다고 한다. 휠체어를 타는 노인들만 보일 뿐 젊은이들과 아이들은 더는 보이지 않는다. 1970년대와 1980년대에 신도시의 대규모 단지에 입주했던 이들의 자녀 세대는 집을 떠났지만, 새로 들어오는 사람들은 없으므로 초기의 입주자들인 노인들만 남게 된 것이다. 그런데 고령화의 선봉에 선 지역이 내가 앞에서 이야기한 '나리타' 신도시다. 일본 〈마이니치신문〉에 의하면, 2018년 기준 일본 전역에서 노령화의 증가세가 가장 빨랐던 지역은 나리타 신도시로 2015년 9.2%에서 2018년 21.6%로 크게 상승했다. 이 신문에 의하면 2025년에는 수도권 신도시의 절반인 8곳이 전국 평균 수준인 고령화율 30%를 넘을 것이고, 마을이나 구역별로 공동생활이 곤란해지는 고령화율 50%를 넘는 지역도 많이 증가할 것이다.

우리나라에도 많은 신도시가 생겨났고, 또 지금도 생겨나고 있다. 1980년대 말 서울의 집값이 폭등하자, 서울의 주거문제를 해결하고 기능을 분산하기 위해 분당이나 일산과 같은 신도시가 설계되었다. 이들 1차 신도시는 이미 자급자족적인 기능을 갖춘 도시로 완전히 자리를 잡았지만, 그 이후에 우후죽순으로 생겨난 신도시들은 그렇지가 않다. 우리나라의 신도시 중 일부는 일본의 신도시와 마찬가지로 향후 고령화가 진행되어 도시 기능을 상실할 가능성이 상당하다. 도시로서 독립적인 위치를 유지하기 위해서는 그에 상응하는 일자리가 필수적인데, 단지 출퇴근을 위한 베드타운의 역할만 하는 신도시들이 많기 때문이다.

주제를 살짝 바꿔서 결론부터 이야기하자면, 누구나 선호하는 서울의 강남과 같은 핵심 주거지를 제외하고는 가능하면 모두 다 '주택연금'에 가입을 하는 것이 유리하다는 것이다. 그런데 핵심 주거지의 집값은 공시지가가 9억 원을 넘어서므로 어차피 주택연금의 가입 대상이 아니다. 그래서 주택연금 대상이 되신 분들은 모두 다 '주택연금'에 가입을 해야 이익이라는 것이 나의 생각이다. 즉, 은퇴자금이 꼭 필요한 사람이 아니라 할지라도 가능하면 주택연금에 가입하라는 것이다. 왜 그렇게 생각하는지를 차근차근 설명해보겠다.

20년 이상 긴 안목으로 봤을 때 집값은 오를 가능성보다는 내릴 가능성이 크다

앞에서 일본 신도시의 문제점에 대해 이야기했다. 일본 신도시의 주택은 거래가 거의 없다고 한다. 아무도 신도시의 주택을 사려고 하지 않기 때문이다. 과거 4억 원 수준의 주택이 지금은 3,000만 원 수준으로 하락했다는 기사를 본 적도 있다. 굳이 신도시만의 문제가 아니다. 부모가 물려준 집을 자녀가 불도저로 밀어버리는 경우도 많다. 주택이 재산으로서의 가치는 적은데, 세금은 많이 나오기 때문에 집을 헐어버리는 것이다. 이제는 일본 노인세대의 가장 큰 걱정이 세상을 뜨기 전에 집을 처분하는 것이라고 한다. 세금 등을 고려할 때 오히려 돈을 지출하면서 집을 처분하는 예도 많다.

우리의 노령화 속도는 일본에 뒤지지 않는다. 2019년 우리나라 출산율은 0.9이고, 2020년에는 0.84로 떨어졌다. 일본이 1.5 수준임을 감안하면, 우리나라가 일본보다 더 심각하다는 것을 알 수 있다. 2020년 현재 우리나라의 노인비율은 16%이고, 일본은 28.2%다. 하지만 2040년이 되면 우리나라는 33.9%가 되고, 일본은 34.2%가 되어 거의 같아진다. 그리고 그 이후로는 우리나라의 노인비율이 높아져서 2060년 일본의 노인비율은 36.5%인 데 반해 우리나라의 노인 비율은 무려 43.9%로 증가한다.

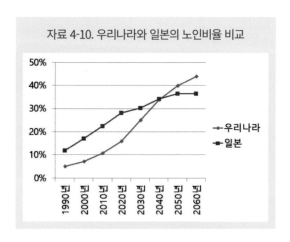

자료 4-10. 우리나라와 일본의 노인비율 비교

그리고 우리나라의 인구도 2020년 들어 처음으로 2만 명이 줄어들었다. 사망보다 출생한 사람이 20,838명 적다. 인구는 줄었지만, 이와 반대로 세대수가 늘어나는 바람에 주택에 대한 수요가 증가했고, 세대수의 증가로 인한 압박이 최근 주택가격 상승의 가장 큰 원인이다. 하지만 20년 이상의 긴 안목으로 봤을 때, 인구가 줄면 주택에 대한 수요도 줄 것이고 가격도 하락할 것이다. 2030년이 지나면 아마도 세대수도 줄어들 것으로 예상한다.

또한, 합계 출산율이 1.5 이하로 떨어진 나라는 저출산이 시작된 이후 20~30년 안에 심각한 불황을 겪었다. 노동력이 줄어들고 소비가

자료 4-11. 출생자 및 사망자 현황(2011~2020년)

출처 : 대한민국 행정안전부 블로그

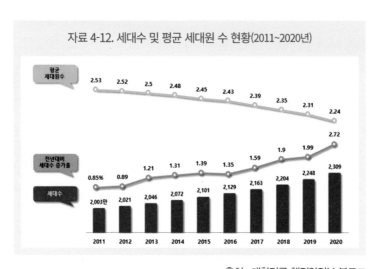

자료 4-12. 세대수 및 평균 세대원 수 현황(2011~2020년)

출처 : 대한민국 행정안전부 블로그

줄어들어 내수 시장이 축소되고 투자마저 감소하기 때문이다. 이는 당연히 부동산의 시세에 영향을 줄 것이다.

일본과 마찬가지로 우리도 노령화와 인구 감소가 동시에 발생한다면 어떤 현상이 생길까? 우선 가격과 관계없이 수요가 줄 것이다. 서울과 부산 등의 대도시, 그리고 분당 등 핵심 신도시를 제외한 대부분 중소도시에 있는 주택이나 아파트는 잘 팔리지 않을 것이다. 설사 거래가 되어도 굉장히 낮은 가격에 거래가 될 것이다. 노령층이 늘고 인구가 줄기 때문에 중심에서 벗어난 외곽에서부터 이런 현상이 나타날 것이다. 주택연금은 주택의 가격이 하락해도 계약 당시의 시세로 연금을 지불한다. 따라서 주택연금에 가입하는 것은 주택가격의 하락에 대한 헤지수단이 될 수 있다.

평균수명이 늘어나는 추세이기 때문에 주택의 시세보다 연금을 더 많이 받을 가능성이 점점 더 커진다

주택연금은 가입한 부부가 모두 사망한 후에 해당 주택을 처분한다. 그 결과 처분한 금액이 지급한 총액보다 크면 그 차액은 상속인이 상속받는다. 반대로 지급액이 처분한 금액보다 더 많을 때는 담보인 주택만 넘기면 그만이다. 이론적으로 가입자가 손해를 볼 이유가 없다. 더구나 의술의 발달로 평균수명이 점차 늘어나는 추세이기 때문에 가입자가 이익을 볼 가능성이 더 증가한다. 감사원은 2040년까지 주택연금의 누적 손실이 4,600억 원에 달할 것이라고 경고한 적이 있는데, 이는 반대로 말하자면 주택연금 가입자가 이익을 볼 가능성이 매우 크다는 의미다.

설사 주택의 가격이 올라 주택연금을
해지할 경우에도 손해가 아니다

주택연금을 해지하게 되면 그동안 받은 대출금에 이자를 더해서 돌려줘야 한다. 이에 적용되는 대출이자율은 'CD금리+1.1%포인트'다. 'CD금리'는 2021년 8월은 0.9% 수준이고, 9월은 1.0% 수준이다. 그리고 10월은 1.1% 수준이다. 평균적으로 'CD금리'가 1.0%라면 대출이자율은 2.1% 수준이 된다. 대출이자는 복리로 적용된다. 그리고 연금을 받을 때마다 보증료를 내는데 이 또한 돌려줘야 한다. 가입 시점에 초기 보증료로 주택가격의 1.5%를 내고, 그리고 해마다 보증잔액의 0.75%를 보증료로 계속 내게 되어 있는데, 이를 상환해야 한다. 자료

자료 4-13. 2021년 11월 12일 금융투자협회 기준 CD금리(91일)

출처 : 네이버 금융

에 의하면 한 달에 10만 원씩 10년간 주택연금을 받아 모두 1억 2,000만 원을 연금으로 받았다가 해지한다면, 자신이 받은 1억 2,000만 원에 약 3,000만 원 정도를 더해서 총 1억 5,000만 원을 돌려줘야 한다고 한다.

이제 주택연금 수령액을 5% 이상의 배당을 주는 리츠(reits) 상품에 투자한다고 가정해보자. 그러면 10년 후에는 약 1억 5,800만 원 정도가 된다. 앞에서도 이야기했듯이 연 5% 수준의 배당을 받는 리츠나 배당주를 찾는 것은 그리 어렵지 않다.

20년이나 30년 후에 주택가격이 하락한다면, 그대로 주택연금을 유지하면 된다. 하지만 반대로 주택가격이 의외로 크게 상승한다면, 주택연금을 해지하고 그동안 리츠 투자로 불렸던 돈을 그대로 돌려주면 아무런 손해가 없다. 즉, 잘되면 많이 이익이고, 잘못되면 약간 이익이다. 그러니 주택연금에 가입하지 않을 이유가 없다.

주택을 반드시 자녀에게 물려줄 생각일지라도 주택연금에 가입하는 것이 유리하다. 수령한 연금을 앞과 같이 안전한 리츠 상품에 투자한 후, 불어난 돈을 자녀에게 물려주는 것이 훨씬 유리하다. 그러면 부모가 사망한 후 자녀의 판단으로 부모로부터 물려받은 돈으로 연금을 해지하거나 아니면 집을 포기하는 결정을 주관적으로 할 수 있다.

그리고 주택연금에는 여러 가지 세제 혜택도 있다. 예를 들면, 5억 원 이하의 부분에 대해서 재산세를 25% 감면해준다든가, 대출이자 비용에 대해서 200만 원까지 소득공제를 해주는 것과 같은 것들이다. 하지만 이런 혜택들은 수시로 변하기 때문에 항상 잘 살펴야 한다. 주택연금은 굉장히 매력적인 상품이다. 집이 사라진다는 부정적인 시각을 거두고 그 내면을 바라볼 필요가 있다.

6

질병과 상해 관련 보험은
최소로

베르누이의 효용성 이론

복권을 구매하는 행위는 어리석다는 말을 하는 사람들이 있는데, 이들이 항상 내세우는 논리는 기댓값이다. 만약 어떤 복권이 100만 원에 당첨될 확률이 5%이고, 10만 원에 당첨될 확률이 15%이며, 나머지는 꽝이라고 하면, 기댓값은 다음과 같이 계산한다.

(100만 원×0.05)+(10만 원×0.15) = 6만 5,000원

그러므로 이 복권을 65,000원 이상을 주고 사면 확률적으로 손해이고, 반복해서 사면 살수록 더욱 확실하게 손해라는 것이다. 하지만 기댓값만 가지고 손해나 이익을 따지는 것이 뭔가 어색하다. 로또는 수익금의 50%를 당첨금으로 나눠주기 때문에 이론상 기댓값은 구매가격의 50%다. 즉, 1,000원을 주고 로또를 구매하면 기댓값은 500원이 된다. 물론 세금까지 계산하면 기댓값이 더 떨어지겠지만, 명목

적인 금액으로는 그렇다. 매주 수많은 사람이 로또를 사는데, 그럼 이 사람들이 모두 어리석을까? 당연히 그렇지 않다. 따라서 기댓값으로만 따질 수 없는 다른 요소가 있다.

다음의 경우를 보자. 우리나라에 여행을 왔다가 지갑을 분실한 외국인이 있다고 하자. 다행히 호텔비와 비행기 티켓은 선불로 내서 큰 문제가 없지만, 지갑을 분실했기 때문에 수중에 돈이 한 푼도 없다. 지금 당장 너무 배가 고픈데 빵 한 조각 살 돈도 없다. 이 사람에게 현금 6만 5,000원과 기댓값이 10만 원인 복권 중에서 하나를 고르라면 현금 6만 5,000원을 선택할 것이다. 반대로 돈이 급하지 않은 사람은 아마도 복권을 선택하는 모험을 할 가능성이 크다. 그렇다면 기댓값이 높은 복권을 포기하고, 현금을 선택한 여행객은 어리석은 것일까? 그렇지 않다. 복권을 선택할지, 아니면 현금을 선택할지는 개개인이 처한 상황에 따라 다르다. 이에 대해, 스위스의 과학자인 다니엘 베르누이(Daniel Bernoulli)는 현금을 선택하는 사람과 복권을 선택하는 사람을 가르는 기준은 '효용성'이라고 말한 바 있다. 베르누이는 기존에 기댓값으로 평가되던 도박에 심리적 요소를 추가했다.

자료 4-14는 베르누이가 계산한 효용성 함수의 사례다. 100만에서 1,000만까지 금액의 차이에 따라 효용성이 달라짐을 알 수 있다. 예를 들어, 부가 100만에서 200만이 되면 효용성은 20이 올라가지만, 만약 부가 900만에서 1,000만이 되면 효용성은 4 정도만 증대된다. 즉, 100만의 부가 증가한 점은 같지만, 증가하는 효용성의 가치는 5배나 차이가 난다.

자료 4-14. 베르누이의 효용성 함수

부(단위 : 100만)	1	2	3	4	5	6	7	8	9	10
효용성 단위	10	30	48	60	70	78	84	90	96	100

다음의 경우를 보자.

사례 1) 100만 또는 700만을 가질 기회가 각각 50%

→ 효용성은 (10+84)/2 = 47

사례 2) 400만을 가질 기회가 100%

→ 효용성은 60

위의 경우를 보면 기댓값은 400만으로 모두 동일하지만, 효용성은 다르다. 베르누이는 이와 같은 효용성 이론을 통해 가난한 사람들이 보험을 들고, 부자들은 가난한 사람에게 보험을 파는 이유를 설명했다. 자료 4-14를 보면 알 수 있듯이 100만의 손해는 1,000만이 있는 사람에게는 4의 효용성 손실(100에서 96으로 감소)이지만, 300만이 있는 사람은 무려 18의 효용성 손실(48에서 30으로 감소)이 발생한다. 다시 말하자면, 암에 걸려 수술을 할 경우, 같은 금액의 수술비라도 가난한 사람에게는 그 효용성이 훨씬 크기 때문에 가난한 사람들이 부자 보험회사에 보험료를 낸다는 것이다. 그러면 이를 뒤집어서, 만약 가난한 사람이 충분한 치료비가 있는 상태로 변신을 하게 된다면 굳이 보험을 들 필요가 없어진다. 효용성이 떨어지기 때문이다. 결론적으로, 우리가 여러 가지 질병과 상해에 대비해 보험료를 내는 대신에 그 돈을 이용해 보험을 들 필요가 없는 상태로 만들어야 한다는 것이 내가 쓰는 글의 요지다.

보험 vs. 배당주

100세까지 사는 장수 시대가 되다 보니 다양한 질병에 노출되고, 그러다 보니 점점 더 다양한 보험 상품들이 출시되고 있다. 예를 들면, 과거에는 치매에 대한 보험이 없었는데, 근래에 평균수명이 급격히 증가해 치매환자가 늘어남에 따라 치매보험이 새로 생겨났다. 의술의 발달도 새로운 보험 상품을 출현시킨다. 암세포는 물론 정상세포까지도 공격해서 부작용이 심했던 1세대 항암제가 있고, 정상세포는 공격하지 않고 특정 부위의 특정세포만 공격하는 2세대 표적항암제가 있으며, 면역력을 높여 치료하는 3세대 면역항암제가 있다. 지씨쎌의 이뮨센-엘씨는 환자 혈액에서 추출한 면역세포를 특수 배양 과정을 거쳐 항암 효과가 극대화된 면역세포로 변신시켜, 다시 환자에게 투여하는 방법으로 면역력을 키우는 면역항암제다. 그런데 기존에 가입했던 암보험은 면역항암제에는 적용되지 않기 때문에 따로 가입해야 한다. 결과적으로, 점점 다양해지는 질병을 커버하고 점점 더 발달하는 의술의 혜택을 받기 위해서는 점점 더 많은 보험에 가입해야 한다.

자료 4-15. 보험의 보장항목 및 권장 보장금액

구분	병명	금액(단위 : 만 원)
사망	질병	10,000
	상해	20,000
질병후유장해	질병 3%	3,000
	질병 50%	3,000
	질병 80%	10,000
상해후유장해	상해 3%	5,000
	상해 50%	5,000
	상해 80%	10,000
암	일반암 진단비	5,000

구분	병명	금액(단위 : 만 원)
암	고액암 진단비	2,000
	암 수술비	300
	암 입원비	10
뇌혈관 질환	뇌혈관 진단비	1,000
	뇌졸중 진단비	2,000
	뇌출혈 진단비	2,000
	뇌혈관 수술비	1,000
심장질환	허혈성심장질환 진단비	1,000
	급성심근경색 진단비	2,000
	심장질환 수술비	1,000
요양/치매	장기요양자금(1급)	5,000
	장기요양자금(1, 2급)	3,000
	장기요양자금(1, 2, 3, 4급)	2,000
	중증치매 진단비	2,000
실손의료비	상해입원 의료비	5,000
	상해통원 의료비	30
	질병입원 의료비	5,000
	질병통원 의료비	30
수술비	상해 수술비	100
	골절 수술비	10
	화상 수술비	20
	질병 수술비	30
입원비	질병 입원비	3
	질병중환자실 입원비	10
	상해 입원비	3
	상해중환자실 입원비	10
기타	응급실 내원비	5
	치아보철 치료	100
	치아보존 치료	20
	화상 진단비	20
	골절 진단비	30
	깁스 치료비	30

앞의 자료 4-15는 온갖 질병과 상해에 대비해 가급적 보장을 권하는 항목과 금액을 나열한 것이다. 통상 보험설계사분들이 이 표를 표준으로 삼아서 보험설계를 하는데, 굉장히 다양한 질병과 상해를 커버한다. 암, 뇌질환, 심장질환 등 3대 질병을 포함해, 다양한 질병과 사고에 대비하기 위해서는 아마도 30세를 기준으로 50만 원 정도의 보험료를 약 20년간 내야 할 것이다. 보장 범위를 줄이더라도 최소한 30만 원 수준의 보험료는 내야 할 것이다.

그러면 통상적으로 60세까지는 중대 질병에 걸리지 않는다고 전제해, 30만 원이나 50만 원을 보험료에 사용하지 않고, 30세의 청년이 노후의 질병에 대비해 20년간 차곡차곡 불려 나간 후, 다시 60세까지 거치한다고 가정해보자. 연 5%의 수익을 주는 배당주나 리츠에 투자한다고 가정해보면 다음과 같은 계산이 나온다.

- 매달 50만 원씩을 모으는 경우 : 총 319,061,980원을 모을 수 있다.
- 매달 30만 원씩을 모으는 경우 : 총 197,437,198원을 모을 수 있다.

생각을 해보자. 만약 보험에 가입했는데 암 진단을 받았다고 하자. 자료 4-15에 의하면 5,000만 원을 받을 수 있다. 만약 뇌혈관 수술을 해야 한다면 진단비 1,000만 원과 수술비 1,000만 원을 받을 수 있다. 혹시라도 새로운 치료 방법이 나올 경우, 새로운 치료에 의한 약제비 등의 보험료 지급이 거절될 가능성도 있다. 하지만, 보험에 가입할 돈으로 매달 30만 원 또는 50만 원을 모은 경우는 약 2억 원이나 3억 2,000만 원을 질병 치료에 사용할 수 있다. 어떤 경우가 더 도움이 될까? 목돈을 모으게 되면 보험의 효용성이 떨어지게 되어 보험에 가입할 필요가 없다는 계산이 나온다. 나는 실비보험 정도만 가입하고, 나머지는 보험료를 내는 대신에 차라리 배당주나 리츠에 투자해서 먼 훗날 치료비가 필요할 때 이를 사용하는 것이 훨씬 효용성이 높다는 생각인데, 여러분들이 판단을 해보길 바란다.

5장

현금

1

디지털 화폐에 대한 이해

한국은행은 도입 필요성이 높아지고 있는 미래의 지급결제 환경 변화에 대응하기 위해 중앙은행 디지털 화폐(CBDC) 도입에 따른 필요사항을 사전적으로 검토하고, 시스템 구축 및 테스트를 진행하기 위한 모의실험 연구 용역의 입찰 공고를 낸 바 있다. 이에 카카오의 그라운드엑스, 네이버의 라인플러스 그리고 SK주식회사의 3사가 참여했는데, 그중에서 그라운드엑스가 우선 협상자로 선정되었다. 아직은 연구 용역 단계에 불과할 뿐이고 아무것도 결정된 것이 없다고 하지만, 아마도 한국은행에서는 지폐와 더불어 디지털 화폐도 발행할 가능성이 있다.

CBDC를 발행하는 이유는 크게 두 가지다. 첫째, 현금이용이 많이 감소하는 가운데 민간 결제 수단에 의존하는 지급서비스 시장 독점의 문제다. 예를 들면, 스웨덴에서는 현금의 사용이 많이 감소하는 대신 비자나 마스터카드의 사용이 크게 증대했다. 만약 민간기업의 결제 시스템에 문제가 생기거나 장애가 생기는 경우 이를 해결하기가 쉽지 않다. 둘째, 지급결제인프라가 충분히 구축되지 못해 국민의 결제서비스에 대한 접근성이 제약된다. 페이스북의 리브라 백서는 다음과 같이 시작한다.

"아직 가장 기본적인 금융 서비스조차 받을 수 없는 사람들이 전 세계에 17억 명이나 있다."

최소한 17억 명이나 되는 전 세계인이 결제서비스에 불편을 겪고 있고, CBDC는 이를 일정 부분 해소할 잠재력을 지니고 있다고 볼 수 있다.

지폐와 CBDC의 차이점

CBDC란 중앙은행이 발행하는 디지털 화폐를 말한다. 즉, CBDC는 현금의 일종이라고 볼 수 있지만, 디지털로 발행된 탓에 종이로 만들어진 지폐와 몇 가지 차이를 보인다.

첫째, 익명성을 제한할 수 있다.

중앙은행이 마음만 먹으면 CBDC의 자금흐름을 알 수 있다. 그래서 현금의 가장 장점인 익명성이 보장되지 않는다. 미국에서 CBDC의 발행을 반대하는 쪽의 주요 의견 중 하나가 익명성의 제한이다. 자유민주국가에서 정부가 개인의 거래 내역을 들여다볼 가능성을 열어두면 안 된다는 것이다. 특히 사생활 보호가 필요한 거래에서 신분이 노출되지 않도록 거래 당사자를 보호할 수 있어야 한다. 예를 들면, 정신질환 관련 약 처방에서 본인이 신분 노출을 원하지 않는 경우와 같은 것이다. 하지만 다른 한편으로는 자금의 흐름이 추적 가능하기 때문에 지하자금의 양성화에 도움이 된다는 면도 있다. 중국은 DCEP[5]를 발행하면서 이와 관련해 '통제 가능한 익명성'이라는 표현을 사용했다. 즉, 평소에는 거래 내역을 들여다보지 않지만 범죄 행위라든가 불가피한 경우에는 개인의 거래 내역을 들여다볼 수도 있다는 의미다. 하지만 불가피한 경우라는 것을 정부가 결정하기 때문에 정치적 목적에 악용될 소지는 충분하다고 할 수 있다.

둘째, 이자 지급이 가능하다.

지폐는 보유 기간과 규모파악이 어려워 이자 지급이 불가능하다. 하지만 CBDC는 중앙은행이 이를 파악할 수 있는 구조이기 때문에 이자를 지급할 수 있다. 중앙은행이 CBDC에 일정 수준의 이자를 지급한다면 시중 은행의 예금 금리는 즉각적으로 상승할 것이고, 대출 금리와 시장 금리도 상승 압력을 받을 것이다. 은행의 예금 금리는 중앙은행이 CBDC에 지급하는 이자보다는 높을 것이다. 왜냐하면, 시중 은행보다는 중앙은행이 더 안전하기 때문이다. 하지만 만약 이자를 지급하지 않는다면 기존의 금융자산을 대체할 가능성은 크지 않다.

셋째, 보유 한도를 설정할 수 있다.

자금세탁이나 테러자금 조달 등의 수단으로 이용되는 것을 방지하기 위해 경제 주체별로 보유 한도를 설정할 수 있다.

---

5) 중국에서는 CBDC를 DCEP라고 부른다. DCEP는 'Digital Currency Electronic Payment'의 약자다.

넷째, 이용시간의 조절이 가능하다.

CBDC는 특정 시간대의 이용을 제한하는 것도 가능하다. 예를 들면, 밤 12시부터 새벽 4시까지는 사용할 수 없도록 할 수도 있다.

다섯째, CBDC는 마이너스 금리 정책의 구현이 가능하다.

경기침체가 심화할 경우 소비를 촉진하기 위해 CBDC계정의 잔고를 일정 비율 감소시키는 방식으로 마이너스 금리를 부과할 수 있다. 예를 들면, 코로나19와 같은 위기상황에서는 경기 진작을 위해 재난지원금을 전 국민에게 현금을 지급할 수 있다. 이 경우 효과를 극대화하기 위해서는 국민이 가능한 한 이른 시일 내에 재난지원금을 사용하도록 유도해야 한다. 만약 CBDC로 지급을 한다면, 지급 후 1개월 이내에 CBDC를 사용하지 않을 시 10%를 감액시킬 수 있도록 설정하는 것이 가능하다. 20세기 초에 오스트리아에서 스탬프 방식을 이용해 현금을 발행하고, 현금의 구매력이 매월 1%씩 하락하도록 한 경우가 있었다. 다만 CBDC에 마이너스 금리를 부과한다면 CBDC의 소유

자료 5-1. 20세기 초에 오스트리아에서 발행된 스탬프 화폐

출처 : 한국은행. '중앙은행 디지털 화폐'

자는 CBDC를 곧바로 현금으로 교환해버릴 가능성이 크므로 그 효과는 떨어지게 된다. 이 경우에도 CBDC를 현금으로 교환하는 금액에 상한선을 두어 통제하면 마이너스 금리 정책에 의한 내수촉진 효과를 어느 정도는 거둘 수 있다.

CBDC의 출현이 가져다줄 사회적 변화

첫째, 은행예금의 감소가 예상된다.

CBDC가 확산할 경우 은행예금이 감소할 수 있다. 현금보다 편의성이 높은 CBDC가 발행될 경우 사용자들은 은행 통장에 돈을 보관할 필요성을 느끼지 못할 수 있다. 그러므로 은행예금이 이탈할 수도 있다. 은행예금의 감소는 은행자산의 축소로 이어져 신용공급에 제약을 가져올 것이다. 즉, 은행이 레버리지를 일으켜 대출해줄 수 있는 금액이 축소된다는 의미다.

둘째, '헬리콥터 머니'라고 하는 일괄공급 정책이 가능하다.

정부에서 경기침체를 막기 위해 재난지원금을 주는 경우가 있다. 이때 은행을 통하지 않고 가계나 기업에 돈을 일괄 공급하는 정책 집행이 쉬워진다. 일괄 공급 정책은 CBDC 계정을 통해 민간을 직접 대상으로 한다는 점에서 기존의 양적 완화 정책보다 집행이 수월하고 효과도 즉각적으로 발생한다.

셋째, CBDC와 간편 송금 간의 경쟁이 불가피하다.

CBDC가 도입될 경우 송금서비스가 간편해지기 때문에 굳이 은행의 인터넷뱅킹, 모바일뱅킹, 또는 간편 송금서비스를 이용할 필요가 없다. 이는 은행과 간편 송금 업체의 송금수수료 인하와 서비스 개선의 압력으로 나타날 것이다. 또한, CBDC계좌에서 돈을 직접 보낼 수 있으므로 직불카드(체크카드)의 사용 빈도가 줄어들 것이다. 하지만 신용카드는 외상구매라는 이점이 있어서 사용이 많이 축소되지는 않을 것이다.

운영방식에 의한 분류

CBDC는 업무의 수행 주체에 따라 직접운영 방식과 간접운영 방식이 있다. 직접운영 방식은 말 그대로 중앙은행이 직접 CBDC를 운영하는 경우이고, 간접운영 방식은 CBDC의 운영을 은행 등 금융기관에 위탁하는 경우다.

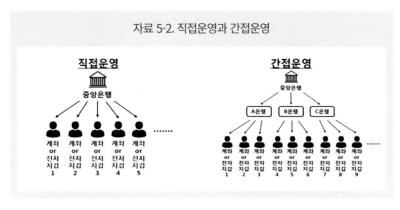

자료 5-2. 직접운영과 간접운영

출처 : 한국은행. '중앙은행 디지털 화폐'

직접운영 방식

민간이 중앙은행인 한국은행에 계좌를 직접 만드는 것을 말한다.

20세기 초반까지 민간이 중앙은행에 계좌를 갖는 것은 자연스러운 현상이었으나, 최근에는 제한된 상태에서만 계좌개설이 허용된다.

간접운영 방식

중앙은행이 시중 은행에 위탁해 예금주의 계좌나 전자지갑을 관리하도록 하는 것을 말한다. 중앙은행의 위임을 받은 시중 은행은 고객에게 CBDC 계좌를 개설하고, 이를 통한 자금 이체 업무를 수행할 뿐 아니라 CBDC 전액을 한국은행에 CBDC 준비금으로 예치할 의무를 지닌다. 그러므로 신용리스크가 없다. 다시 말하자면 시중 은행의 예금과는 달리 CBDC는 100% 중앙은행에 준비금으로 예치를 하므로 은행에 위기가 닥쳐도 예금주가 돈을 못 받을 염려가 없다는 것이다. 따라서 금융이 불안한 시기에는 기존 금융자산보다 CBDC의 신뢰도가 높아져 기존 금융자산을 대체할 가능성이 있다. 은행예금이 CBDC로 전환된다면 은행은 자금의 조달에 어려움이 예상되어 수익성이 악화하는 등 은행 경영에 부정적인 영향을 줄 수 있다. 그런 면에서 은행의 CBDC 운영에 대한 자발적 참여를 기대하기 어려운 상황이 발생할 수도 있다.

2

디지털 화폐를
보유해야 하는 이유

2021년에 탈레반이 아프가니스탄의 수도 카불을 점령한 이후 아프간의 금융거래는 사실상 중단되었고, 은행도 예금의 지급을 중단했다. 생필품값이 급등하는 가운데 현금을 인출할 수가 없어 국민들은 불편을 호소했다. 은행은 열흘 만에 현금의 지급을 재개했지만, 일주일에 약 23만 원만의 인출만 허용했다. ATM기 앞에는 현금을 인출하려는 사람들로 장사진을 쳤지만 사실 23만 원이라도 제대로 인출할 수 있을지 의문이었다. 각 은행에는 현금이 넉넉하지 않아 언제라도 지급이 중단될 수 있었고, 일부 은행은 아예 현금 지급을 중단해버렸다. 하지만 이러한 사례는 드물게 발생할 뿐 아주 극단적인 경우는 아니다.

유럽 키프로스의 2대 은행인 라이키은행(Laiki Bank)과 키프로스은행(Bank of Cyprus)은 2012년에 지급 불능을 선언했다. 그러자 전국에서 대규모 인출 사태가 뒤따랐다. 은행은 폐쇄되었고 ATM기에서도 현금 지급이 중단되었다. 결국, 라이키은행은 영구히 폐쇄되었고, 키프로스

자료 5-3. 아프간 카불의 은행 앞에 줄을 선 사람들

김영현 기자, "탈레반 장악 아프간, 은행 문 다시 열었지만 현금 부족 '발동동'",
〈연합뉴스〉, 2021년 8월 26일자

은행은 10만 유로가 넘는 예금의 47.5%는 강제로 은행 주식으로 전환해버렸다. 예금주의 뜻과 관계없이 은행예금이 부실은행의 주식으로 둔갑한 것이다.

이런 일은 작은 나라에서만 일어나는 것은 아니다. 아프간은 전쟁 중인 나라였으므로 그런 일이 일어날 수 있었다고 그냥 넘길 수도 있다. 또 키프로스는 글로벌 영향력이 미미한 지중해의 조그만 나라이기 때문에 그런 일이 일어났다고 넘길 수도 있다. 하지만 그리스는 어떤가? 비슷한 사태는 그리스에서도 일어났다. 2015년, 그리스에서 국채 위기가 발생하자 그리스의 은행과 ATM기는 모두 폐쇄되었고 예금은 찾을 수 없었다. 그리스 이외의 국가에서 발급된 신용카드를 가진 여행자들만 아테네 공항에서 소액의 현금을 찾을 수 있었다. 그리스의 신용카드는 상점에서 거절당해 생필품도 살 수가 없었다.

앞의 세 가지 경우의 공통점은 은행에 예금이 있어도 찾을 수 없다는 점이다. 은행에서 예금을 돌려주지 않으니 돈을 찾을 방법이 없다. 사람들이 착각하는 것이, 은행에 예금해두면 그 돈이 자기 돈인 것으로 안다. 하지만 일단 은행에 예금한 순간, 그 돈은 자기 돈이 아니고 은행 돈이다. 예를 들면, A라는 사람이 B라는 사람에게 돈을 빌려줬다면 법적으로 그 돈이 B의 돈이라는 것과 마찬가지다. 단지 B가 A에게 원금과 이자를 주겠다고 약속을 한 것뿐이다. 마찬가지로 예금은 은행이 예금주와의 약속을 통해 원금과 이자를 보장하겠다고 한 것에 불과하다. 약속이라는 것은 불가피할 경우에는 지켜지지 않을 때도 많다.

이제 미국으로 넘어가 보자. 2014년 7월, 미국 증권거래위원회는 투자자들의 환매 요청을 유예할 수 있는 재량권을 MMF 운영회사에 부여하는 규정을 통과시켰다. 즉, 리먼 사태와 같은 금융위기가 발생하면, 미국 정부는 블랙록과 같은 자산운영회사에 고객의 유가증권을 매각하지 말라고 지시할 권한이 생긴 것이다. 이는 다시 말하자면, 펀드 운영사가 투자자들에게 투자금을 꼭 돌려줘야 하는 의무가 없다는 것이다. 이에 대해 미국의 경제지 〈월스트리트저널〉은 "Banks urge clients to take cash elsewhere"라는 기사를 썼다. 즉, 은행이 고객들에게 현금을 다른 곳으로 가져가라고 강요한다는 것이 기사의 타이틀이다.

금융위기가 오면 예금주들은 서로 먼저 은행에서 돈을 인출하려고 한다. 그러면 정부에서는 두 가지 대응책 중 하나를 내놓는다. 첫째, 돈을 최대한 많이 발행해서 자금의 수요를 충족하고 예금주들에게 돈을 회수할 수 있도록 한다. 둘째, 은행이나 자산운용사의 예금이나 투자금을 동결해 자금인출을 강제로 막는다.

2008년 금융위기 때나 2020년 코로나19 위기 때 미국 정부는 첫 번째 방법을 선택해서 엄청난 양적 완화를 했다. 하지만 만약 더는 달러를 풀 수 없는 경제 여건에서 다시 한번 금융위기가 오면 어떻게 해야 할까? 이런 때를 대비해서 미국 증권거래위원회는 투자자들의 환매요청에 응하지 않아도 된다는 규정을 만든 것 같다. 물론 미국은 기축통화 보유국이기 때문에 이런 문제가 발생할 가능성이 크지 않지만, 기축통화를 보유하지 않은 국가의 국민은 항상 은행폐쇄의 가능성을 염두에 둬야 한다.

그럼 은행에서 예금을 인출하지 못하는 사태에 가장 잘 대처하는 방법은 무엇일까? 현금을 집 안의 금고에 넣어두는 것이다. 그래서 부자들은 항상 일정 금액의 현금을 집 안 금고에 보관한다. 하지만 보통 사람들은 그렇게 하기 어렵다. 당장 1,000만 원만 가지고 있어도 보관할 만한 장소가 마땅치 않다. 그래서 하는 수 없이 돈을 전부 은행 통장에 예치해두고 찔끔찔끔 찾아 쓴다. 만약 내가 은행에 1억 원을 예금하면, 은행은 그 돈으로 레버리지를 일으켜 10억 원을 다른 사람들에게 빌려준다. 앞에서 내가 은행에 1억 원을 맡기는 순간, 그 돈은 내 돈이 아니고 은행 돈이라고 이야기했다. 그래서 은행이 내 허락도 받지 않고 마음대로 내가 맡긴 돈을 남한테 빌려주는 것이다. 그런데 만약 은행이 빌려준 10억 원을 회수하지 못하면 내 돈은 사라지는 것이다. 그러면 나도 은행으로부터 돈을 돌려받지 못한다. 물론 경제가 안정된 평상시에는 일어날 가능성이 크지 않지만, 만약 금융위기가 닥친다면 언제든지 일어날 수 있는 일이다. 예를 들면, 저축은행이 부실화되었을 때 5,000만 원이 넘는 돈을 돌려받지 못한 사람들이 많다. 1998년 IMF 외환위기 때 정부가 개입하지 않았다면 제일은행이나 조흥은행 등 부실 은행에 돈을 맡겼던 사람들은 돈을 돌려받지 못했을 것이다.

그러면 어떻게 해야 하나? 중앙은행이 발행하는 CBDC를 보유하고 있으면 된다. 사람들이 은행의 통장에 돈을 보관하는 이유는 쥐꼬리만 한 이자 수익 때문이라기보다는 보관 때문이다. 지폐는 보관이 어렵다. 하지만 CBDC는 10,000원이든, 1,000만 원이든 관계없이 전자지갑에서 간편하게 보관할 수 있다. 1,000만 원을 전자지갑에 보관한다고 해서 지갑이 더 두껍고 무거워지는 것이 아니다. 전자지갑에 현금을 보관한다면 은행이 폐쇄되어도 문제가 생기지 않는다. 왜냐하면, CBDC는 은행 통장에 맡긴 돈이 아니고, 자기 지갑에 들어 있는 본인 돈이기 때문이다. 단지 악어가죽으로 만든 실물지갑에 들어 있는 종이 지폐가 디지털 지갑에 들어 있는 디지털 화폐로 바뀔 뿐이다. 그래서 만약 중앙은행인 한국은행에서 CBDC를 발행한다면, 일정 금액은 항상 CBDC로 보관할 것을 권하며, 특히 경제위기의 징후가 있을 경우 CBDC를 넉넉히 가지고 있어야 한다.

CBDC가 시중 은행의 예금보다 왜 안전한지는 앞에서 설명했다. 시중 은행은 CBDC 100% 전액을 중앙은행에 준비금으로 예치할 의무를 지닌다. 즉, 이 돈으로 레버리지를 일으키지 못한다. 그러므로 신용 리스크가 없고, 은행에 위기가 닥쳐도 예금주는 돈을 떼일 염려가 없다.

'설마 우리나라 은행이 망하겠어?' 하고 생각할 것이다. 나도 과거에는 그렇게 생각을 했다. 하지만 1998년에 나는 은행들이 정말로 망할 수 있다는 것을 알게 되었다. 1990년 코스피 시가총액 상위 10위

안에 은행이 무려 6개나 포함되었다. 그중에서 5개가 없어졌다. 한일은행, 제일은행, 조흥은행, 상업은행, 서울신탁은행 등이다. 이들은 모두 그 당시 삼성전자보다 시가총액이 더 큰 우량주들이었다.

우리나라는 경제 위기에 유독 민감하다. 기축통화 국가가 아닌데도 외국의 자본 입출금이 비교적 자유롭기 때문이다. 사람들은 재정건전성, 기업의 부채비율 등의 펀더멘털 요소만 좋으면 환율이 자연스럽게 균형을 맞출 것으로 생각하지만, 실상은 그리 녹록지 않다. 1998년 정부 관료들은 우리 경제의 펀더멘털이 좋으니 문제가 없다고 호소했지만 외환위기가 발생했고, 2008년 리먼 사태 때도 양호한 펀더멘털과 관계없이 환율이 치솟으면서 일촉즉발의 위기에 몰린 적이 있었다. 기축통화를 보유하지 않은 국가의 국민은 항상 금융위기의 가능성에 대비해야 한다. 은행만 믿었다가는 낭패를 당할 수 있다. 그런 의미에서 항상 디지털 화폐를 보유해야 한다.

3

달러를
보유해야 하는 이유

가계신용 최대

가계부채가 큰 문제라는 사실은 다들 아실 것이다. 우리나라의 가계부채 비율은 2021년 말 기준, 국내총생산(GDP)의 106% 수준으로, 주요국 중 GDP 대비 가계부채비율이 압도적으로 높다. 더욱이 코로나19 장기화로 인한 취약계층의 상환능력 저하 등으로 가계의 신용위험은 더 커질 것으로 예측된다. 하지만 문제는 여기서 그치지 않는다. 가계부채가 많은 것도 문제이지만, 실상은 이 수치가 현실을 제대로 반영하지 못한다는 것이 더 문제다. 우선 개인사업자의 부채가 국내 보고용에서는 기업대출로 분류되어 가계부채에서 완전히 빠진다. 예를 들면, 식당이나 학원과 같은 개인사업자의 대출이 현재는 가계부채가 아닌 기업대출로 분류되고 있다. 규제를 피하려고 법인을 설립해 사들인 꼬마빌딩과 같은 부동산 관련 대출도 기업대출로 분류되고 있다. 하지만 이들은 모두 가계부채로 봐야 한다. 그리고 무엇보다도 임대보증금채무가 사적채무라는 이유로 빠졌는데, 이 규모가 어마어마하다. 누락된 개인사업자대출과 임대보증금채무를 반영할 경우 전체 가계부채는 GDP의 160% 수준에 이를 것으로 추정된다고 한다. 106%만 해도 가계부채가 세계 최고 수준인데, 160%라면 우리의 가계부채는 정말 심각한 수준이다. 그나마 다행인 것은 정부부채가 2020년 말 기준 45% 수준으로 낮다는 것이다. 하지만 여기에도 간과하는 부분이 있다. 정부출연기관의 부채 역시 정부부채로 봐야 하는데, 이를 감안할 경우 정부부채는 기존 수치보다 50%가 더 상승한다. 어쨌든, 향후 가계부채는 구조조정을 통해 상당 부분을 정부가 떠안을 수밖에 없는데, GDP 대비 160% 수준의 가계부채를 100% 수준으로 낮춘다면 정부부채는 45%에서 105% 수준으로 수직 상승할 것으로 예측된다. 그나마 사태의 심각성을 인식하고 서둘러서 문제 해결에 나서면 다행이겠지만, 그럴 가능성은 거의 없어 보인다. 결국, 차일피일 미뤄질 것으로 보이는데, 수년 후 그 규모는 눈덩이처럼 불어날 것이다.

수도권 일대에서 빌라 500여 채를 사들인 뒤 세입자들에게 전세보증금을 돌려주지 않은 세 모녀가 검찰에 넘겨졌다는 기사가 나왔다. 이들은 서울과 수도권에서 갭 투자로 빌라 등을 매입한 뒤 50여 명에게 보증금을 돌려주지 않았는데, 전세보증금 반환보증보험에 가입되어 있을 경우 주택도시보증공사(HUG)가 대신 보증금을 돌려줘야 한다. 향후 집값이 상승할지, 하락할지는 아무도 모른다. 부동산 전문가들의 의견도 제각각이다. 그런데 만약 집값이 하락하면서 전세가격 역시 동반 하락할 시 깡통전세가 현실화할 수 있으며, 전세금반환보증의 사고금액은 많이 늘어날 것이다. 실제로 주택도시보증공사의 전세금반환보증 사고금액은 2021년 8월에 이미 2020년 전체 총액을 넘어서고 있다. 과도한 신용은 결국은 터질 것이다. 결국, 부채조정을 위해 정부의 재정을 이용할 수밖에 없고, 이는 정부부채의 급증으로 연결될 것인데, 만약 이러한 시나리오가 현실화할 경우 외국의 투기성 자금이 이를 그냥 넘어갈 리가 없다는 생각이다. 즉, 쓰나미급 위기의 가능성이 있다는 것이다. 참고로, 임대보증금 규모는 약 864조 원으로 추정되는데 이는 GDP의 44% 수준이다.

경제전문가들은 우리나라 제조업의 경쟁력이 높아 무역수지 흑자가 지속할 것이고, 펀더멘탈이 튼튼하므로 외환위기나 금융위기에 빠질 가능성은 거의 없다고 말한다. 하지만 1998년 IMF 외환위기 때에도 귀에 못이 박히도록 들었던 말이 우리 경제는 펀더멘탈이 좋아서 문제가 없다는 것이었다.

대다수 국민이 인지하지 못한 채 넘어갔지만 코로나19로 공포에 휩싸였던 2020년 3월 말, 우리나라도 치명적인 외환위기가 발생할 뻔했었다. 2020년 3월 19일 우리나라 외환 시장에서 무슨 일이 있었는지를 보자. 다음은 '삼성금거래소'에서 작성한 3월 19일 환율마감 현황이다.

"달러/원 환율이 11년 전 글로벌 금융위기 이후 최고치로 폭등 마감했다. 세계 각지에서 재정 및 통화정책이 쏟아져 나왔지만, 국제 외환 시장에서 달러 수요가 폭증함에 따라 19일 달러/원 환율은 전날 40원 폭등한 1285.7원에 거래를 마쳤다. 이는 2009년 7월 14일 이후 최고 종가이며, 일간 상승폭은 2009년 1월 이후 최대를 기록했다. 신종 코로나바이러스감염증(코로나19) 확산 및 그로 인한 경제 침체에 대한 공포에 극도의 현금화가 진행되는 과정 속에 달러 수요가 몰리자 달러지수는 3년 만에 최고치로 급등했다. 전날보다 11.3원이 오른 1,257원에 거래를 시작한 환율은 개장 직후 외환당국으로 추정되는 달러 매도세에 전날 종가 부근인 1,246원으로 속락했다. 하지만 이후 달러 수요가 몰리며 환율은 상승 압력이 대거 확대되었고, 그 과정에서 오퍼 공백이 발생하는 패닉 장세가 연출되면서 환율은 1,296원까지 치솟았다. 환율 상승세가 걷잡을 수 없이 진행되자 한국은행과 기획재정부는 '펀더멘털 대비 환율 쏠림이 과도하다'라는 메시지를 전하면서 공동 구두개입에 나섰고, 이후 강도 높은 실개입까지 단행하면서 환율을 끌어 내렸다. 하지만 결제수요를 비롯한 일부 증권사의 달러 수요가 일방적으로 나왔고, 오퍼가 형성되지 않은 얇은 시장 여건이 계속되면서 환율의 상승 압력은 좀처럼 진정되지 않았다.

한 은행 외환딜러는 "달러 유동성 경색에 대한 우려가 커지다 보니 일단 사고 보자는 심리가 강했던 것 같다"면서 "발표되는 정책이 대부분 시장에서 예상되는 대응인 만큼 영향력이 크지 않았다"라고 말했다.

이날 장 막판에 외환당국이 개입하지 않았다면, 아마도 환율은 1,300원을 훨씬 넘었을 것이다. 그날 나는 우리나라에 외환위기가 또다시 닥칠 수 있겠구나 하는 심란한 마음 때문에 마감 무렵 은행에 갔었다. 환전 담당자는 사람들이 달러를 전부 사 가서 달러가 바닥이 났다는 말을 해줬다.

그 당시 우리 경제 상황이 얼마나 심각했냐 하면 만기가 9개월 남은 대한항공 채권에 30%의 금리가 붙어도 외국에서는 아무도 거들떠보지 않았다. 한국물이라면 금리와 관계없이 관심이 없었다. 그런데 이 위기를 가까스로 넘길 수 있게 해준 반전의 소식이 그날 밤에 전해졌다. 한국과 미국의 통화스왑이었다. 3월 19일 밤 한국은행은 미국 연준과 600억 달러의 통화스왑을 체결한 것이다. 만약 이 거래가 없었다면 우리의 경제는 심각한 수렁에 빠졌을 가능성이 크다. 그때를 생각하면 지금도 간담이 서늘하다. 미국과의 통화스왑은 리먼 사태에 의한 금융위기 때 처음으로 체결되었다. 2008년 10월 30일, 리먼 사태로 인해 금융 시장이 불안해지자 한국은행은 미국과 300억 달러 규모의 통화스왑 협정을 처음으로 체결했었다. 한미 간 통화스왑이 없었다면, 2008년이나 2020년이나 IMF 외환위기와 같은 대형 위기가 터질 가능성이 있었다.

2019년 글로벌 금융 시장에서 연간 거래되는 외환규모는 1,647조 원인 반면, 세계 상품교역량은 25조 달러에 불과하다. 외환거래액의 약 1.5%만 실물과 연계되어 있으며, 나머지 98% 이상은 자본거래라고 볼 수 있다. 우리나라의 경우 무역거래가 상대적으로 크지만, 총자본거래에서 총무역거래가 차지하는 비중은 약 5.8%에 불과하다. 아무리 무역거래 금액이 크다고 해도 총자본거래에서 차지하는 비중은 아주 적다. 그만큼 투기자본이 환율변동에 절대적인 영향을 미친다는 것이다.

환율변동은 단기적으로 치고 빠지는 자본거래의 영향을 훨씬 더 많이 받아서 경제의 펀더멘탈 여건만으로 설명할 수는 없다. 우리의 펀더멘털이 좋다고 위기가 발생하지 않는 것은 아니다. 글로벌 금융 시장의 변동성은 투자 자금 또는 투기 자금이 절대적 영향력을 미친다. 기축통화를 보유하지 않은 국가의 국민은 항상 외환위기의 가능성에 대비해야 하며, 일정 수준의 달러 자산을 가져야 한다.

달러는 최고의 수출 상품

달러가 미국 최고의 수출품인 이유를 보자. 미국은 달러를 지급하고 해외에서 상품을 수입해온다. 1990년대 말에 아시아 국가들이 그랬던 것처럼, 달러를 충분히 보유하지 않으면 외환위기가 온다. 따라서 신흥국들은 기를 쓰고 달러를 보유하려고 한다. 달러를 보유하는 방법은 주로 미국의 국채를 사들이는 것이다. 미국은 국채라는 종이조각만 신흥국에 넘겨주고 달러를 다시 회수한다. 그러면 미국에는 신흥국에서 수출한 상품도 남고 달러도 그대로 남는다. 신흥국이 뼈가 빠지도록 수출해서 벌어들인 달러가 다시 미국으로 넘어가게 되는 것이다. 국채만 발행하면 아무런 노력이나 생산도 없이 상품을 해외로부터 가져다 쓸 수 있으니 미국 입장에서는 사실상 공짜로 남의 나라 물건을 쓰는 것과 마찬가지다. 수많은 화폐 중 오로지 달러만이 부릴 수 있는 요술이 아닐 수 없다. 요즘은 뉴욕증권거래소(NYSE)나 나스닥도 엄청나게 달러를 빨아들이고 있다. 최근 서학개미들이 마가(MAGA)나 테슬라 또는 엔비디아 등으로 대표되는 미국의 주식을 대량으로 사들이고 있는데, 이는 우리의 달러가 다시 미국으로 흡수된다는 것을 말한다.

치솟는 물가 때문에 바이든 대통령의 인기가 하락하고 있어 바이든 정부가 전전긍긍이다. 결국, 미국은 강력한 달러 유동성 축소에 돌입할 것이고, 미국의 시장 금리가 상승해 달러는 다른 통화 대비 강세를 보일 것이다. 글로벌 안전 자산 선호 현상이 심화해 달러는 다시 미국으로 흡수될 것이고, 투자 자산이 미국으로 회귀하면서 신흥국 경제에 타격을 줄 것이다. 그러면 일부 국가들이 금융위기에 빠져들 가능성이 있다. 2021년 9월, 미국에서 금리를 인상할 조짐을 보이자 달러가 터키를 빠져나가기 시작했고, 터키의 리라화는 폭락에 폭락을 거듭했다. 결국, 터키의 중앙은행은 달러의 유출을 막기 위해 금리를 인상할 수밖에 없었다. 기준금리가 최대 19%까지 치솟았다. 브라질 역시 경기침체에도 불구하고, 2021년 10월 기준금리를 7.75%까지 올렸다. 미국의 금리가 인상되면서 달러가 유출되어 심각한 외환위기를 겪은 바 있던 브라질로서는 어쩔 수 없는 선택이었다. 긴축할 상황이 아님에도 불구하고 금리를 올릴 수밖에 없고, 결국 경제는 더 악화하는 악순환이 반복된다. 이는 경제위기의 단초를 제공한다.

넘치는 달러를 회수하는 과정에서 항상 곤란을 겪는 나라는 미국이 아니라 신흥국들이었다. 1970년대 빠르게 성장하던 남미의 브라질, 멕시코, 아르헨티나는 급작스러운 미국의 금리 인상 때문에 국가 부도 사태를 맞았다. 1990년대에는 미국이 금리를 올리자 아시아 국가들에서 달러가 빠져나갔고 우리도 IMF 외환위기를 맞았다. 2008년 리먼 사태 이후 미국 경제가 회복되면서 가장 큰 타격을 받은 나라들은 그리스 등 남유럽 국가들이었다. 미국경제가 금리를 올리고 달러를 회수할 때마다 신흥국들은 항상 경제위기를 겪어왔다. 그렇다면 이번에는 다를까? 다르기를 바라지만, 동시에 대비도 해야 한다. 신흥국들은 코로나19에 대응하기 위해 빚을 늘려왔기 때문에 재정이 취약해진 상태다. 물론 선진국들도 대규모 양적 완화를 통해 재정이 취약해지기는 마찬가지이지만, 선진국들은 신흥국들보다는 대응할 수 있는 수단이 많다. 더구나 동남아 국가들은 델타변이에 의한 감염 때문에 2021년 여름부터 겨울까지 생산 활동을 중단했고, 수출의 중단에 따른 외환 사정의 악화를 염려할 수밖에 없는 상태다. 결론은 개인적으로 일정 수준의 달러를 보유하자는 것이다. 달러를 직접 보유할 수도 있고, 사실상 달러라고 할 수 있는 애플이나 마이크로소프트 등 시가총액 1~5위 종목을 보유할 수도 있다.

$$4$$

투자 자산으로서의
현금

현금은 훌륭한 투자 자산

현금도 훌륭한 투자 자산 중 하나다. 특히 헤지수단으로서 중요한 역할을 한다. 현금이 위력을 발휘하는 시기는 금융위기가 터졌을 때다. 현재 예금 금리가 약 1.5% 수준이다. 그런데 만약 주식이나 부동산 등 다른 자산이 10%가 하락한다면 현금의 수익률은 다른 자산에 비해 11.5%가 높다. 굉장히 높은 수익률이다. 미국이 유동성을 축소하면 신흥국에는 위기가 올 가능성이 커짐을 앞에서 이야기했다. 그런 관점에서 본다면, 미국이 금리를 올리고 양적 축소를 단행하는 2022년은 현금의 중요성이 더욱 부각된다.

많은 사람이 자산이 폭락하는 시기를 오히려 기회로 삼아 큰 부를 이뤘다. 강방천 에셋플러스 자산운용 회장이나 박영옥 스마트인컴 회장이 여기에 해당한다. 강방천 회장은 영화 〈국가부도의 날〉의 실제 주인공으로 알려졌다. IMF 외환위기를 배경으로 한 이 영화의 주인공은 달러를 매수하고, 옵션거래를 통해 돈을 번 후 헐값의 부동산을 사들여 돈을 벌었다. 강방천 회장은 IMF 외환위기 때 3,400만 원으로 달러를 매수해 6,000만 원으로 불린 후 증권주를 사서 돈을 많이 벌었다고 한다. 자본주의가 존재하는 한 증권회사는 존재할 것이라는 믿음 아래 증권주를 600원~1,200원 수준에서 사들였는데, 불과 2달 만에 12,000원까지 상승을 해 67억 원을 벌게 되었고, 그 후 택배회사에 투자해서 150억 원 수준으로 자산을 증식시켰다고 한다. 강방천 회장은 3,400만 원이라는 현금이 있었기에 자산을 불릴 수 있었다. 그 당시 3,400만 원이면 지금은 아마도 수억 원의 가치와 동일할 것이다.

박영옥 스마트인컴 대표가 자산을 불리게 된 계기는 9·11테러였다. 박영옥 회장은 IMF 외환위기 여파로 어머니 집까지 팔고 월세를 전전하기도 했지만, 결국 9·11테러 때문에 단기간 폭락한 주식들을 매수해 큰 부를 이루는 계기를 마련했다. 박영옥 회장도 4,000만 원의 초기자금으로 현재는 1,000억 원대 이상의 부를 일군 것으로 알려졌다.

두 사람이 성공할 수 있었던 이유는 남들은 공포에 질려 보지 못했던 투자의 기회를 잘 포착한 것으로 요약할 수 있다. 하지만 그렇다고 할지라도 투자할 현금이 없으면 포착한 기회를 살릴 수 없다. 현금이라는 자산이 있었기에 두 사람이 커다란 부를 일굴 수 있었다.

현금은 임의성이 뛰어난 자산

현금의 또 다른 장점은 비교적 이동이 자유롭다는 것이다. 위기가 닥치면 부동산은 팔기도 어렵고, 설사 판다고 할지라도 다양한 세금과 매매 수수료 등 추가적인 비용이 많이 발생해 거래가 어렵다. 주식이나 코인도 급락하는 중에는 선뜻 다른 자산으로 갈아타기가 어렵다. 펀드도 중도수수료와 같은 것이 발생할 수 있어서 망설여진다. 하지만 현금은 거래에 따른 비용이나 마음의 부담감 없이 다른 자산으로 갈아탈 수 있다. 자유롭게 이동할 수 있다는 점이 현금의 가치를 더해줌에도 불구하고 투자자들이 이를 간과하는 면이 있다. 투자는 타이밍이 중요하다는 말을 많이 하는데, 현금은 투자자가 재빠르게 투자할 수 있는 수단을 제공해준다.

유동성 축소의 시기

미국이 금리를 인상하고, 달러의 유동성을 축소할 때마다 신흥국들은 항상 경제위기를 겪어왔다. 그런데 2022년이 바로 그런 시기다. 만약 신흥국에서 발생하는 위기 때문에 자산가격이 하락한다면 현금을 보유한 투자자에게는 반대로 기회가 될 수도 있다. 현금도 자산의 일부라는 점을 기억하자.

6장

노후 준비

1

노후 준비는
하루라도 빨리

    지금까지는 은퇴 후 여생이 길지 않았기에 그동안 저축해둔 돈을 필요할 때마다 조금씩 찾아서 사용하는 전략에 큰 무리가 없었다. 은퇴 후 자산관리에 특별한 전략이 필요 없었다. 하지만 지금은 사정이 다르다. 100세 노인이 특별하지 않을 정도로 장수가 점차 보편화되고 있다.

    통계청 발표에 의하면, 2019년 기준 평균수명은 남자가 80.3세, 여자는 86.3세, 그래서 평균은 83.3세다. 2007년에는 평균수명이 79.6세였는데, 12년 사이에 약 4년 정도가 더 늘었다. 이같이 평균수명이 꾸준히 늘어나는 추세는 계속될 것이고, 머지않아 평균수명 100세 시대가 올 것이다. 특히 지금의 30대나 40대들은 특별한 사고나 치명적인 질병에 걸리지 않는 한 100세까지는 산다는 가정하에 노후계획을 세워야 한다. 하지만 오래 사는 것보다는 어떻게 사느냐가 중요하다. 제대로 치료도 받고, 취미 생활도 즐기는 여유 있는 노후 생활을 하기 위해서는 넉넉한 노후 자금이 필요하다.

노후 준비는 하루라도 빠를수록 좋다

노후 준비는 하루라도 빨리 시작해야 한다는 말은 귀에 못이 박히도록 들어서 다들 알고 있다. 20대와 30대의 1차적인 목표는 결혼자금과 주택자금 마련이다. 따라서 노후에 대해 생각할 겨를이 없다. 하지만 40대가 되면 각종 경조사비 등의 자금과 자녀들 학원비 등으로 생활비가 더 증가하기 때문에 투자 여력은 오히려 감소하게 된다. 즉, 40대가 되면 오히려 투자가 더 힘들어지므로 젊었을 때 하루라도 빨리 시작을 해야 한다.

빨리 시작하면 훨씬 이익이라는 것은 알지만, 그 구체적 차이를 체감하는 사람은 많지 않다. 그래서 두 사람의 구체적 비교를 통해 그 차이를 계산해보겠다. A와 B라는 두 사람이 있다. A는 30세부터 매달 50만 원씩을 꾸준히 모아왔고, B라는 사람은 50세부터 매달 150만 원을 꾸준히 모아왔다. 수익률은 연 6%라고 가정해보자. 이 두 사람이 60세에 은퇴를 한다면 그때까지 모은 돈은 얼마나 차이가 날까?

· A : 30세부터 매달 50만 원씩 투자. 투자 기간 30년. 원금은 1억 8,000만 원
· B : 50세부터 매달 150만 원씩 투자. 투자 기간 10년. 원금은 1억 8,000만 원

A와 B 모두 원금은 1억 8,000만 원으로 동일하다. 하지만 계산해보면 A의 경우는 5억 300만 원 정도를 모을 수 있고, B는 2억 5,100만 원 정도를 모을 수 있다. 원금은 같은데, 노후 자금은 2배의 차이가 생기는 것이다. 하지만 이보다 더 중요한 것은 매달 투자하는 금액이다. 매달 50만 원이 부담스럽기는 하지만 엄청나게 많은 돈은 아니다. 하지만 매달 150만 원을 투자하기는 정말로 어렵다. 따라서 하루

라도 빨리 투자를 시작하라는 것이다.

- A : 60세에 약 5억 300만 원의 노후 자금이 마련됨
- B : 60세에 약 2억 5,100만 원의 노후 자금이 마련됨

A와 B가 같은 돈을 투자했음에도 불구하고 약 2배의 차이가 생기는 이유는 복리 효과 때문이다. 그래서 하루라도 빨리 노후 준비를 시작하라는 것이다. 그래야만 복리 효과를 극대화할 수 있다.

쌀 한 가마니 안에는 몇 톨의 쌀이 들어 있는가?

다음은 복리를 계산하는 수식이다.

$$A = a(1+r)^n$$

여기서 A는 투자 결과 얻어지는 원리금이고, a는 원금, r은 이율, n은 투자 연도를 나타낸다.

'쌀 한 가마니 안에는 몇 톨의 쌀이 들어 있는가?' 이 문제는 효성 그룹 입사시험 문제 중 하나다. 정답보다는 결론에 이르는 논리와 가설이 얼마나 설득력이 있는지가 채점의 기준이라고 한다. 나도 정답이 궁금해서 인터넷을 찾아보니 약 96만 개라고 한다. 그럼 쌀 한 톨이 2배가 되고, 다시 2배가 되는 과정을 몇 번을 거치면 쌀 한 가마니에 이를까? 앞의 식에 의하면, 만약 n이 19이면 A는 524,488이고, n이 20이면 A는 1,048,576이다. 즉, 20단계만 거치면 쌀 한 톨이 쌀 한 가마니가 되는 것이다. 이것이 바로 복리의 힘이다.

복리에 관해 이야기할 때마다 등장하는 것이 뉴욕 맨해튼이다. 1626년 네덜란드의 서인도 총독 피터 미누이트(Peter Minuit)는 인디언으로부터 맨해튼 섬을 단돈 24달러에 사들였다. 인디언들이 이 돈을 8% 복리로 운영했다면 396년이 지난 현재, 이 돈은 413조 달러가 되어 있을 것이다. 하지만 8% 단리로 운영했다면 이 돈은 784달러에 불과할 것이다. $4,130,000,000,000 vs. $784, 이것이 단리와 복리의 차이다.

복리가 상상을 초월하는 결과를 가져오기에 아인슈타인은 '복리'를 '세계 여덟 번째 불가사의'라고 했다. 복리를 가장 잘 이해하는 투자자는 단연 워런 버핏이다. 워런 버핏은 어린 시절 '복리'의 원리를 터득한 후 앞으로 많은 돈을 벌 수 있다는 생각에 굉장히 흥분했었다는 말을 한 바 있다. 워런 버핏은 젊은 시절 미래의 아내에게 약혼반지를 사줄 때를 회상하면서, 이때 자신의 순자산 중 6%를 소비함으로써 미래가치로 측정하면 수백만 달러를 지출한 것이라고 농담을 한 적이 있다. 이 말이 바로 워런 버핏이 복리의 원리를 제대로 이해했다는 증거다. 그 당시 약혼반지가 큰돈은 아니었지만, 이 돈이 복리로 늘어나면 수백만 달러가 될 것을 알았던 것이다. 아마 지금은 수백만 달러가 아니라 수백억 달러가 되어 있을지도 모를 일이다. 20~30대 분들도 지금 별 생각 없이 마시는 5,000원짜리 커피 한잔이 미래에 500만 원이 될 수도 있고, 5,000만 원이 될 수도 있음을 인지하면서 소비하기를 부탁한다.

노후 준비를 위한 주머니는 따로 보관해야 한다

노후를 위해 준비하는 자금은 다른 용도로 사용하지 않도록 반드시 다른 자금과 구분해서 준비해야 한다. 그렇지 않으면 갑자기 돈이 필요할 경우 노후에 대비해 모아둔 자금을 손쉽게 꺼내 쓸 것이고, 이로 인해 노후 준비 자체가 흔들릴 위험이 있기 때문이다.

얼마를 모아야 할까?

이번에는 다른 예를 하나 들어보겠다. 현재 30세인 A가 60세에 은퇴를 한다고 가정해보자. 현재 가치로 월 200만 원의 생활비가 필요한데, 물가상승률은 3%, 투자 수익률은 6%라고 가정해보겠다.

A가 65세까지 산다면 A는 매년 3,481,543원을 모으면 된다. 하지만 A가 만약 90세까지 산다면 매년 15,032,606원을 모아야 한다. 65세까지 살 때보다 무려 매년 11,551,063원을 더 모아야 한다. A라는 사람이 90세까지 사는 것을 대비한다면 30세부터 60세까지 매달 1,252,717원을 모아야 현재 200만 원 정도를 소비하는 삶을 유지할

자료 6-1. 기대수명 증가에 따른 저축 증가액(단위 : 원)

기대수명	필요 저축 금액(연간)	60세 대비 저축 증가액(연간)
65세	3,481,543	
70세	6,497,524	+3,015,981
75세	9,110,199	+5,628,656
80세	11,373,499	+7,891,956
85세	13,334,144	+9,852,601
90세	15,032,606	+11,551,063

수 있는 것이다. 수명이 늘어남에 따라 모아야 하는 돈도 기하급수적으로 늘어난다. 한 해라도 빨리 노후 준비를 시작해야 하는 이유다.

4% 법칙

'4% 법칙'은 캘리포니아에서 재무관리사로 일하던 윌리엄 벤젠(William Bengen)이 내놓은 법칙이다. 이 법칙은 퇴직한 첫해에는 노후 자산의 4%를 인출하고, 그다음 해부터는 물가 상승률을 고려해 인출하는 방법으로, 이렇게 하면 노후 자산을 최소 30년 이상 유지할 수 있다는 것이다. 만약 노후 자산이 3억 원이면, 이의 4%인 1,200만 원을 매년 인출해서 사용할 수 있다는 의미 정도로 받아들이면 될 것이다.

은행보다는 투자

만약 1.5%의 정기예금에 넣어둔다고 가장하고, 매년 1,200만 원을 찾아서 쓴다면 34년을 사용할 수 있다. 35년째부터는 원금이 모두 소진되어 한 푼도 남아 있지 않게 된다. 더구나 인플레이션 때문에 1,200만 원의 가치는 점점 더 줄어들 것이고, 점점 더 많은 돈을 써야 할 것이다. 그래서 최대한 원금에 손상이 가지 않는 방법으로 4%를 찾아서 사용하는 방안을 강구해야 한다. 즉, 최소한 매년 4%의 수익을 내야 한다. 어떤 방법이 있을까? 이는 뒤에서 논의하기로 한다.

은퇴 전문가들은 노후 자금은 은행과 같이 안전한 곳에 보관해야 한다고 말을 한다. 젊은 날에는 주식에 투자해서 손해를 봐도 만회할 시간이 충분하지만, 노후에는 그럴 시간이 없다는 것이 주된 이유다. 즉, 과거에는 맞는 말이었을지 모르지만, 100세 시대인 지금은 그렇지 않다. 이는 두 가지 관점에서 봐야 한다.

첫째, 은행에 예금한다는 것은 손실을 확정 짓는 것이기 때문에 노후 자금이 소진되는 것은 시간문제일 뿐이다. 저금리는 세계적인 흐름이다. 더구나 요즘은 인플레이션의 기세가 무섭다. 금리 1.5% 수준으로는 원금을 깨서 사용하는 수밖에 없다. 그렇다면 이자수익은 점점 더 줄어들 것이고, 원금도 점점 더 줄어들다가 결국에는 바닥을 드러낼 것이다.

둘째, 이제는 은퇴 후 40년을 더 살아야 하는 시대다. 설사 주식에서 원금 손실이 난다고 해도 좋은 주식이나 펀드를 보유하고 있으면 만회하기에 충분한 시간이고, 결국은 은행금리 이상의 수익을 가져다줄 것이다.

벤젠의 계산도 비슷한 결과를 보여준다. 벤젠이 미국 주식과 국채에 절반씩 투자하는 포트폴리오를 구성했을 때 노후자산의 소진 시점은 대부분 50년을 넘겼지만, 주식에 전혀 투자하지 않았을 때는 30년 이내에 전부 소진되었다.

결론이다. '3층 연금'이라는 말은 많이 들어봤을 것이다. 국민연금, 퇴직연금, 개인연금을 일컫는 말이다. 그 외에 주택연금과 농지연금 등 부동산 기반 연금이 있지만, 우리나라 사람들은 부동산까지 다 노후 자금으로 소진하는 것은 꺼려 하는 편이다. 그래서 일단 부동산 기반 연금은 제외하겠다. 자신이 노후에 필요한 자금과 자신이 노후에 수령할 '3층 연금'의 차이는 은퇴자금으로 메워야 한다. 그것도 현금흐름으로 메워야 한다. 즉, 그동안 모아뒀던 돈으로 필요자금과 '3층 연금'의 차이만큼의 현금흐름을 창출하고, 원금은 그대로 보존해야 한다. 그리고 노후 준비는 하루라도 빨리해야 하고, 노후 준비를 위한 주머니는 따로 보관해야 한다는 것도 잊지 말자.

필요시기에 따라 상품을 나눠서 가입한다

단기간에 사용할 돈과 중기로 사용할 돈, 그리고 장기로 사용할 돈을 구분해서 투자하는 것이 좋다. 주식은 단기간 투자했을 때는 그 결과를 알 수 없지만, 장기로 투자했을 때는 수익률이 제일 높다. 세계적인 주식 투자 전략가인 제레미 시겔(Jeremy Siegel)이 미국의 주식과 국채의 보유 기간별 변동성과 수익률을 분석한 결과, 주식을 10년간 보유하면 변동성이 국채보다 현저히 낮아지며, 17년을 넘어가면 주식 투자로 손실을 볼 확률은 거의 제로에 가깝다는 결론을 얻었다. 따라서 장기로 투자하는 돈은 주식이나 주식 관련 펀드에 투자를 하는 것이 좋다. 그리고 중기로 사용하는 자금은 배당주나 리츠와 같은 상품에 투자하는 것이 좋고, 단기로 사용하는 자금은 MMF나 CMA와 같은 상품에 투자하는 것이 좋다는 생각이다. 즉, 모든 돈은 한 바구니에 넣어서 관리하는 것보다는, 그 자금이 필요한 시기를 구분해서 각각 수익률과 안정성을 극대화할 수 있는 상품에 투자하는 것이 좋다.

2

투자는 적립식으로

적립식 투자의 롤모델

여의도 증권가에 한 의대 교수의 삼전적금이 화제라는 기사를 최근에 본 적이 있다. 삼전적금이란 매달 삼성전자 주식을 사들이는 것을 말한다. 삼전적금을 드는 이유는 우리나라 대표 주식인 삼성전자는 장기간 보유해도 좋다는 판단을 내렸을 것이고, 장기적으로는 주식은 수익률이 가장 높은 자산이어서 그런 결정을 했을 것이다. 이분은 2019년 3월에 삼성전자 사외이사에 선임된 이후 매달 100주씩을 사들였는데, 2020년 3월 이후 코로나19 사태로 주가가 약세였을 때는 매달 100~200주씩 더 사서 모았다고 한다. 기자는 이러한 방식이 '적립식 투자의 최고 롤모델'로 꼽힌다고 쓰고 있다. 이분이 적립식 투자를 시작한 지는 이제 3년 남짓이므로 아직 평가하기는 이를 수 있다. 그렇다면 다음의 경우를 보자.

평범한 샐러리맨이 1,000억 원 주식 거부가 된 사연이 화제를 일으킨 적이 있었다. 한국은행 직원이었던 이분은 신입사원 시절부터 상여금을 모두 주식에 투자해서 자산을 1,000억여 원으로 불렸다는 것이다. 즉, 생활은 기본급으로만 하고, 상여금은 모두 주식에 40여 년간 투자했다고 한다. 이분은 삼성전자, LG전자, 포스코, 현대차의 4종목에만 투자를 했다고 한다. 증자에도 꼬박꼬박 참여했고, 배당금은 전액 재투자에 사용했다고 한다. 30년 만에 40억 원으로 재산을 증식한 이분은 주식이 올랐다 싶으면 보유 주식의 30%를 팔고 다시 무릎이다 싶으면 사는 거래를 1년에 1~2회 정도 했다고 한다. 그리고 주가가 과도하게 하락한 IMF 외환위기 때는 자금을 추가로 투입해 주식을 더 매수했다고 한다.

기자의 평가와 마찬가지로 나도 이분들을 '적립식 투자의 롤모델'이라고 생각하는데, 그 이유는 다음과 같다. 첫째는 정해진 시기마다 일정 금액의 주식을 적립식으로 꾸준히 매수했다. 시기를 정해서 주식을 꾸준히 사다 보면, 주식이 떨어졌을 때는 주식을 더 많이 사게 되고, 주식이 올랐을 때는 주식을 더 적게 산다는 장점이 있다. 매달 50만 원으로 어떤 종목을 꾸준히 산다면, 주가가 10만 원일 때는 5주를 사지만, 주가가 5만 원일 때는 10주를 살 수 있어서 후에 레버리지 효과가 나타난다. 이를 '코스트 에버리지 효과(cost average effect)'라고 한다. 둘째는 주가가 하락했을 때 추가매수를 했다. IMF 외환위기나 코로나19에 의한 주가 폭락은 주식을 매수하기에 아주 좋은 기회다. 앞에서 강방천 회장이나 박영옥 회장도 IMF 외환위기와 9·11테러에 의한 주가 폭락을 자산 증식의 기회로 활용했음을 이야기했다. 셋째는 종목인데, 나는 이것이 매우 중요하다고 생각한다.

시가총액을 이용한 투자법

삼성전자나 현대차 그리고 포스코는 모두 다 우리나라를 대표하는 초우량주들이다. 그런데 앞에서 이야기했듯이 포스코는 2007년 10월에 765,000원까지 상승을 했었지만, 2016년 1월에는 155,500원까지 하락해 고점 대비 무려 80%가 하락했다. 2021년 12월 현재 약 28만 원 수준이지만, 765,000원의 고점 대비 여전히 63%가 하락을 한 상태다. 현대차도 2012년 5월에 27만 원 이상으로 상승했지만, 2018년 11월에는 10만 원을 깨고 하락을 한 적이 있어 주가가 1/3토막이 나기도 했다. 2021년 12월 현재, 주가는 약 20만 원 수준이다. 즉, 삼성전자는 시가총액이 계속 성장했으므로 장기 투자의 성과가 아주 좋았겠지만, 포스코나 현대차는 꼭 그런 것은 아니다. 그럼 한국은행의 직원이었던 투자자는 왜 이 종목들을 샀을까? 우량주를 선호하는 적립식 투자자분들은 이 질문에 초점을 맞춰야 한다.

아마도 이분은 시가총액을 기준으로 해서 종목선정을 했다는 것이 나의 생각이다. 삼성전자는 부동의 1위 기업이고, 현대차와 포스코도 시가총액 2위와 3위에 올랐던 기업이다. 어떤 기업에 투자했으면, 그 기업의 실적만은 꼭 짚어보고 따져봐야 한다. 영업이익이나 매출액이 예상 밖으로 줄어들지는 않았는지, 만약 줄었다면 왜 줄었는지에 대한 확인이 있어야 한다. 하지만 여러 여건상 그렇게 할 수 없는 분들이 있는데, 이런 분들이 가장 쉽게 할 수 있는 적립식 투자 방법이 시가총액을 이용하는 것이다. 예를 들면, 시가총액 1위에서 4위까지만 투자를 하되, 1위 종목에 40%, 2위 종목에 30%, 3위 종목에 20%, 4위 종목에 10%로 분산 투자를 하는 방법이다. 그래서 만약 5위였던 E라는 종목이 4위로 올라서고, 4위였던 D라는 종목이 5위로 떨어진다면, D를 매도하고 E를 매수하는 것이다. 그러면 항상 시가총액 1위부터 4위의 기업만을 보유하게 된다. 한때 시가총액 2위였던 현대차나 3위였던 포스코도 실적이 악화되면서 4위 밖으로 밀려났다. 그러면 이 두 종목은 원칙에 의해 매도를 하게 되므로, 큰 하락은 자연히 피할 수 있는 것이다.

이러한 방법은 주식 시장에서도 유효한 전략이지만, 코인 시장에서도 유효하다고 생각한다. 장기적으로 봤을 때, 코인 시장이 우상향을 보여줄 것으로 생각하지만, 코인별 특징이나 쓰임새를 공부하기가 쉽지 않다. 이럴 때는 시가총액 1위인 비트코인과 2위인 이더리움만 적립식으로 투자를 하는 것이다. 1990년대에 인터넷이 정해진 미래였듯이, 지금은 메타버스가 정해진 미래다. 그런데 메타버스 시대와 코인은 실과 바늘의 관계와 같이 서로 분리할 수 없다. 만약 비트코인에 적립식으로 투자를 했다면 현재 얼마의 자산이 모였을 것인가를 계산해주는 사이트(www.costavg.com)가 있다. 이 사이트를 이용해서 계산을 해보자.

비트코인이 최고점이었던 2018년 1월 1일부터 2021년 12월 1일까지 매달 500달러씩 비트코인을 적립식으로 매수했다면, 투자 원금은 24,000달러일 것이고, 2021년 12월 1일 현재, 그 가치는 101,331.02달러일 것이다. ROI는 322.21%다.

만약 같은 시기에 같은 금액으로 이더리움을 매수했다면, 투자 원금은 역시 24,000달러로 동일하지만, 그 가치는 236,234.63달러일 것이다. ROI는 884.31%다. 네이버의 이자계산기를 이용해서 계산해보면, 비트코인은 월복리 61%의 연이자율과 동일하고, 이더리움은 무려 92%의 연이자율과 동일하다.

자료 6-2. 비트코인 적립식 투자 시 연복리 계산(2018년 1월~2021년 12월)

이자 계산기

적금 예금 대출 중도상환수수료

월적립액   **500** 원
                 500원

적금기간 년 개월 **4**년   연이자율 단리 월복리   **61** %

이자과세 일반과세 비과세 세금우대

원금합계	**24,000** 원
세전이자	**77,345** 원
이자과세(0%)	**0** 원
세후 수령액	**101,345** 원

출처 : 네이버

자료 6-3. 이더리움 적립식 투자 시 연복리 계산(2018년 1월~2021년 12월)

이자 계산기

적금 예금 대출 중도상환수수료

월적립액   **500** 원
                 500원

적금기간 년 개월 **4**년   연이자율 단리 월복리   **92** %

이자과세 일반과세 비과세 세금우대

원금합계	**24,000** 원
세전이자	**212,392** 원
이자과세(0%)	**0** 원
세후 수령액	**236,392** 원

출처 : 네이버

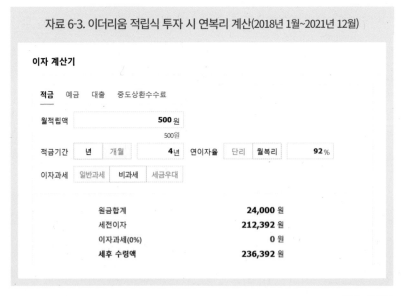

하지만 적립식 투자에 있어 무엇보다도 중요한 것은 자신의 투자 성향이다. 주식 시장은 등락이 심하다. 비트코인은 이보다 더 등락이 심하다. 투자를 시작할 때는 무슨 일이 있어도 장기 투자를 하겠다고 결심하지만, 주식이나 비트코인이 크게 하락하면 견디기가 힘들다. 2008년 리먼 사태나 2020년 코로나19 사태가 닥쳤을 때, 자신의 자산이 반토막이 되어버린 상황을 감당하지 못하는 멘털을 가진 사람들이 많다. 그래서 하락을 견디지 못해 바닥에서 손절하게 된다. 주로 안정형 또는 안정추구형, 심지어는 위험중립형 투자자들이 이에 속한다(2장 8. 안정형 투자자의 주식 투자법 참조). 이런 분들은 배당주나 리츠와 같이 주식 중에서도 가장 안정적인 종목에 투자해야 한다. 만약 이런 분들이 비트코인에 투자하면 견디지 못하고 중도에 포기할 것이다.

적립식 투자에 있어 가장 중요한 요소는 물론 투자 대상이고, 그다음은 기간과 금액이다. 앞서 말했던 한국은행 직원이 상여금을 한 푼두 푼 모아서 큰돈으로 불릴 수 있었던 첫 번째 요인은 40년이라는 기간이었다. 가능하면 한 살이라도 젊을 때 적립식 투자를 해야 한다. 두 번째 요인은 금액의 규모도 중요하다. 금액이 적으면 아무리 오래모아도 만족스러운 만큼의 목돈을 만들지 못한다. 돈을 아껴서 여력이 되는 최대치를 투자해야 한다.

호기심을 품고 알아보기

몇 년 전에 읽은 책에 나오는 내용이다. 대표적 인터넷 브라우저로는 익스플로러와 크롬, 파이어폭스, 그리고 사파리가 있다. 그런데 파이어폭스나 크롬을 사용하는 이용자가 익스플로러나 사파리의 이용자보다 업무 수행 능력이 더 높았고, 직장에서 승진도 더 빨랐다고 한다. 나는 이 글을 읽고 굉장한 호기심이 생겼다. 웹브라우저는 순전히 개인적인 취향일 뿐이라고 생각했는데, 웹브라우저와 승진 간에 상관관계가 있다는 사실이 선뜻 이해가 되지 않았다. 마치 빨간 사과를 좋아하는 사람이 파란 사과를 좋아하는 사람보다 승진이 빠르다고 말하는 것과 마찬가지였다.

하지만 파이어폭스나 크롬을 사용하는 직원들의 판매 실적이 훨씬 높았고, 고객 만족도도 높았다고 한다. 또한, 익스플로러나 사파리를 이용하는 직원들이 입사 120일 후에야 달성한 업무수행 능력을 이들은 단 90일 만에 보여줬다고 한다. 그렇다고 파이어폭스나 크롬의 사용자들이 컴퓨터 지식이 더 풍부한 것도 아니었고, 타자 실력이 더 뛰어난 것도 아니었다. 그렇다면 무엇이 두 집단의 차이를 만들었을까?

그 이유를 알고 나서 나는 고개를 끄덕일 수밖에 없었다. 노트북을 사면 익스플로러나 사파리가 디폴트(default)로 깔려 있다. 익스플로러나 사파리 사용자들의 대부분은 노트북에 내장된 브라우저를 아무 생각 없이 사용하는데, 이들은 혹시 더 나은 브라우저가 있지 않을까 하는 의문조차 품지 않았다. 반면에 파이어폭스나 크롬의 사용자들은 본인들이 호기심을 가지고 다른 브라우저에 대해서도 스스로 찾아보고 직접 다운로드 받는 수고를 한 사람들이다. 어떤 현상에 의문을 품고 스스로 알아보는 것, 이것이 두 집단의 차이를 만들었다는 것이다. 이는 와튼스쿨의 애덤 그랜트(Adam Grant)가 쓴 《오리지널스》에 나오는 내용이다. 어떤 현상에 대해 호기심을 가지고 알아보는 것, 나는 이것이 아주 중요하다고 생각한다.

2017년에 우리나라에서 비트코인 열풍이 불면서 비트코인에 대해 모두 들어봤을 것이다. 여기서 투자자는 두 가지 부류로 나뉜다. 비트코인에 대해 호기심을 두고 공부한 그룹과 그렇지 않고 간과한 그룹이다. 그리고 그로부터 4년 후인 2021년, 두 그룹 간의 투자 성과는 하늘과 땅 차이로 벌어졌다. 나는 향후 가장 유망한 투자 분야로 메타버스상에서의 부동산 투자[6]를 꼽는다. 만약 이와 관련된 펀드가 나오면 적극적으로 관심을 가져볼 생각이다. 내 생각이 맞는다면, 가상자산에 대해 호기심을 가졌던 투자자와 그렇지 않은 투자자 사이에는 더 큰 격차가 벌어질 것이다.

---

6) 이와 관련해 너무도 많은 플랫폼이 있으므로, 플랫폼의 선별이 매우 중요하다.

사고실험

역시 10여 년 전에 책에서 읽은 내용이다. 캐나다의 뛰어난 아이스하키 선수들은 1월생, 2월생, 그리고 3월생이 월등히 많다고 한다. 예를 들면, 온타리오 주니어 하키리그 선수 중에는 1월생이 11월생보다 5.5배나 많았다. 이 글을 읽고도 나는 커다란 호기심을 가졌다. 아이스하키는 캐나다 국민에게 가장 인기 있는 스포츠다. 그래서 훌륭한 선수가 되기 위한 경쟁은 매우 치열하다. 수천 명의 소년이 유치원에 들어가기 전부터 이미 아마추어 수준의 플레이어가 된다고 한다. 그렇다면 가장 운동신경이 뛰어나고, 가장 열심히 노력하는 소년만이 후에 뛰어난 선수가 될 텐데, 이것이 태어난 달과 무슨 관계가 있단 말인가?

캐나다의 심리학자인 로저 반슬리(Roger Barnsley)가 그 이유를 알아냈다. 캐나다에서는 생년월일을 기준으로 클래스를 짜는데, 1월 1일이 기준점이 된다. 즉, 2015년 1월 1일에 태어난 소년과 12월 31일에 태어난 소년은 같은 클래스에 배정이 된다. 사춘기 이전에는 열두 달이라는 기간이 엄청난 신체적 발달의 차이를 가져온다. 그러면 같은 운동신경을 가진 소년이라고 할지라도 1월 1일생이 12월 31일생보다 아이스하키를 훨씬 더 잘할 수밖에 없다. 캐나다에서는 코치들이 아홉 살이나 열 살 무렵의 실력이 뛰어난 선수들을 찾아 전국을 헤매는데, 1월생이 이들의 눈에 띌 확률이 높다. 그러면 이들은 더 좋은 코치 밑에서 더 많은 시간을 연습하게 되고, 더 많은 기회가 주어지게 된다. 즉, 1월생이 아이스하키에서 뛰어난 이유는 선천적이라기보다는 몇 개월 더 일찍 태어났기 때문이라는 것이다.

이를 다른 운동에도 적용해봤다. 미국에서 학교 외 야구리그는 7월

31일을 기준으로 선수의 연령을 구분한다. 그 결과 메이저리그 선수들을 보면 유난히 8월생이 많다고 한다. 유럽 축구도 마찬가지다. 영국의 경우 기준이 되는 날짜는 9월 1일인데, 1990년의 프리미어리그에 출전한 선수 중에 288명이 9~11월에 태어난 반면, 6~8월에 태어난 선수는 절반에도 미치지 못하는 136명에 지나지 않았다. 이는 세계적 베스트셀러 작가인 말콤 글래드웰(Malcolm Gladwell)의 《아웃라이어》에 나오는 내용이다.

떨어지는 사과에 의문을 가져 중력을 알아낸 뉴턴(Newton)과 같이 당연한 것을 당연한 것으로 받아들이지 않고 사고를 해보는 것이 자산 투자에 있어서 가져야 할 자세라고 생각한다. 사람의 수명이 늘어나는 시대에는 연금보험에 가입해서 평생 연금을 받는 것은 당연한 선택처럼 보인다. 하지만 의문을 가지고 사고를 하느냐, 안 하느냐에 따라 오피스텔 한 채가 왔다 갔다 한다. 부동산이 오르면 주택연금에 가입하는 것이 손해라는 생각은 당연한 것처럼 보인다. 하지만 이에 대해 생각해보고 사고를 해보면 꼭 그렇지는 않다는 사실을 알게 된다.

새로운 것에 항상 호기심을 가지고 알아보는 자세를 갖자. 주위에는 새로운 분야와 새로운 상품이 계속해서 생겨나기 때문에 새로운 분야에서 새로운 기회가 생겨날 수 있다. 2021년 메타버스가 그렇다.

새로운 지식을 접할 때는 반드시 책을 일독하기를 권한다. 앞에서 비트코인에 대해 이야기했는데, 방송이나 유튜브에 출연하는 애널리스트나 패널 중에 다수가 비트코인에 대한 기본을 제대로 이해하지 못한 채 이야기를 한다. 방송을 듣다 보면 가끔 깜짝깜짝 놀란다. '저렇게 무지한 상태에서 방송에 나와서 전문가 행세를 해도 되나?' 하는 생각을 여러 번 했었다. 그러다 보니 왜곡된 지식을 전달하게 된다.

따라서 학습이 필요한 경우 반드시 독서를 해야 한다.

하나만 덧붙이자면, 내가 책에서도 지속해서 강조했던 것인데, 매달 일정 금액을 투자하는 적립식 투자와 이를 이용한 복리 투자를 권한다. 이 방법은 풍족한 100세 시대를 맞이할 수 있도록 하는 가장 확실한 방법이라고 생각한다. 《돈의 비밀》과 《2040 디바이디드》의 저자인 조병학 대표는 "젊었을 때 1억 원을 모을 때까지만 적립식 투자를 하면, 20년 후부터는 투자 수익만으로도 풍족한 생활을 할 수 있다"라고 했다. 조병학 대표의 논리는 S&P의 평균 수익률이 연 10% 수준이니, 1억 원이 20년 후가 되면 8억 원이 된다는 것이다. 그러면 8억 원에서 매년 8,000만 원의 수익이 나오게 되고, 만약 더 일찍 투자해서 30년간 투자를 하면 20억 원이 되므로, 매년 2억 원의 수익이 나오게 된다는 것이다. 향후에도 S&P의 연평균 수익률이 10%를 유지할지는 모르겠지만, 복리의 원리는 잘 설명하고 있다. 매달 일정 금액을 투자하는 적립식과 복리의 마법, 이 두 가지만 잊지 않으면 누구나 풍족한 노후를 누릴 수 있다고 생각한다. 이 책을 읽는 독자분들이 다 준비를 잘해서 모두가 행복한 노후를 보내기를 바란다.

참고자료

단행본

김한진 외(2019). 《빅히트》. 서울 : 페이지2.

다케나카 헤이조(2012). 《경제고전》. 서울 : 북하이브.

대니얼 카너먼(2012). 《생각에 관한 생각》. 서울 : 김영사.

로버트 핵스트롬(2000). 《워렌 버핏 포트폴리오》. 서울 : 나무와 숲.

마이클 슈만(2010). 《더 미러클》. 서울 : 지식의 날개.

말콤 글래드웰(2009). 《아웃라이어》. 서울 : 김영사.

박종훈(2021). 《부의 시그널》. 서울 : 베가북스.

서명수(2018). 《누구나 5년 만에 노후 월급 500만 원 만들 수 있다》. 서울 : 위즈덤하우스.

서영수(2021). 《2022 피할 수 없는 부채위기》. 서울 : 에이지21.

신의 두뇌(2021). 《月街의 영웅 비트코인을 접수하다》. 서울 : 국일증권경제연구소.

양동휴(2009). 《대공황시대》. 서울 : 살림.

애덤 그랜트(2016). 《오리지널스》. 서울 : 한국경제신문사.

앨런 라이트먼(2012). 《과학의 천재들》. 서울 : 다산초당.

앨런 베넬로 외(2016). 《집중 투자》. 서울 : 에프엔미디어.

에이드리언 슬라이워츠키(2012). 《디맨드》. 서울 : 다산북스.

오바타 세키(2021). 《애프터 버블》. 서울 : 미세기.

오형규(2018). 《보이는 경제 세계사》. 서울 : 글담출판.

유지송(2015). 《은퇴달력》. 서울 : 비즈니스북스.

이장우(2020). 《당신의 지갑을 채울 디지털 화폐가 뜬다》. 서울 : 이코노믹북스.

임경 외(2021). 《돈은 어떻게 움직이는가?》. 서울 : 생각비행.

임재원 외(2009). 《72 마법의 법칙 복리》. 서울 : 경향미디어.

정지훈 외(2017). 《미래자동차 모빌리티 혁명》. 서울 : 메디치미디어.

제임스 리카즈(2017). 《은행이 멈추는 날》. 서울 : 더난출판.

제임스 리카즈(2021). 《신대공황》. 서울 : 알에이치코리아.

찰스 그레이버(2020). 《암 치료의 혁신, 면역항암제가 온다》. 서울 : 김영사.

최기억(2017). 《대한민국 환율의 비밀》. 서울 : 이레미디어.

크리스 카밀로(2012). 《주식을 사려면 마트에 가라》. 서울 : 한빛비즈.

테드 윌리엄스(2011). 《타격의 과학》. 서울 : 이상.

토드 부크홀츠(2009). 《죽은 경제학자의 살아있는 아이디어》. 서울 : 김영사.

하노 벡 외(2017). 《인플레이션》. 서울 : 다산북스.

한대훈 외(2021). 《우주에 투자합니다》. 서울 : 스리체어스.

홍익희 외(2018). 《화폐혁명》. 서울 : 앳워크.

황재수(2019). 《나는 연금 최적화로 매월 남들보다 연금을 3배나 더 받는다》. 서울 : 북랩.

KBS 다큐 인사이트 〈팬데믹머니〉 제작팀 외(2021). 《팬데믹머니》. 서울 : 리더스북.

타카키 나카니시(2019). 《자동車 산업 혁명》. 서울 : 골든벨.

잡지 및 신문

강민수 기자. "SK이노, 4% 급락에도 증권가 '물적 분할 필요하다'". 〈머니투데이〉. 2021. 8. 4.

공지유 기자. "세계석학들 '코로나後 자산버블 붕괴 우려…부채위기 막아야(종합)". 〈이데일리〉. 2021. 9. 7.

김경희 기자. "파월 '테이퍼링 결정, 금리인상 직접 신호는 아냐". 〈연합뉴스〉. 2021. 11. 4.

김아람 기자. "피치 '한국 가계부채 증가, 은행권 신용등급에 부담". 〈연합뉴스〉. 2022. 1. 17.

김영현 기자. "탈레반 장악 아프간, 은행 문 다시 열었지만 현금 부족 '발동동". 〈연합뉴스〉. 2021. 8. 26.

김진우 특파원. "일본, 수도권 신도시도 고령화 가속 … 2025년엔 절반이 전국평균 웃돌아". 〈경향신문〉. 2018. 12. 24.

김태현 기자. "다 똑같아 보이는데 … 펀드 이름 뒤 알파벳을 보세요". 〈머니투데이〉. 2020. 5. 21.

김희정 기자. "1000억 원 주식 거부? 한국은행 전 직원의 진실은". 〈머니투데이〉. 2013. 2. 9.

문태용 기자. "현장을 모르는 전략가는 왜 위험할까?". 〈The First〉. 2019. 5. 24.

배영은 기자. "'순간의 선택이 평생…' KBO 프로야구 1군 타격왕 논란 흑역사. 〈일요신문〉. 2021. 10. 22.

성연진 기자. "올 1분기 가계신용위험 5분기 만에 최고". 〈헤럴드경제〉. 2022. 1. 17.

성현 기자. "해태제과, 식품 업체 중 유일하게 신용등급 상승". 〈현대경제신문〉. 2021. 7. 16.

심재현, 이강준, 김성은, 한지연, 오정은 기자. "'대통령님, 베트남에 백신 좀' … 삼성도 애태운 나이키 편지". 〈머니투데이〉. 2021. 9. 6.

이경은 기자. "적금처럼 매달 삼성전자 100주씩 샀더니 … 32개월 수익률 32%". 〈조선일보〉. 2022. 1. 14.

이선애 기자. "'우여곡절' 끝 IMM PE 품에 안긴 한샘 … SPA체결 '종지부". 〈아시아경제〉. 2021. 11. 09.

이슬기 기자. "'미친 美 집값' … 4월 주택가격 14.6%↑ '34년 만에 최대폭". 〈조선일보〉. 2021. 6. 30.

이용성 기자. "동남아 확진자 급증에 반도체 대란 심화 우려". 〈조선일보〉. 2021. 7. 21.

이지영 기자. "갭 투자로 빌라 500채 산 세 모녀 … 보증금 안 준 피해자는 50명". 〈중앙일보〉. 2022. 1. 20.

전혜영 기자. "헬리아텍, 대박 숨은 비결이 가스유전?(종합)". 〈머니투데이〉. 2007. 1. 10.

정세진 기자. "[내년 반도체 호황 온다는데] ① 1995년 첫 '반도체 호황' 어땠나". 〈오피니언뉴스〉. 2020.12.22.

최승진 기자. "손정의 소프트뱅크 회장 '2년 내 자율주행차 대량생산 시작'". 〈매일경제〉. 2021. 1. 31.

최인준 기자. "설치하는 데 단 15분, 우주 인터넷 써봤습니다". 〈조선일보〉. 2021. 4. 7.

함지현 기자. "'비트코인 장기 지속성'에 의문 던진 캐나다 중앙은행". 〈Coindesk Korea〉. 2022. 1. 30.

현화영 기자. "카카오T, MaaS형 기차 예매서비스 시작". 〈세계일보〉. 2021. 2. 2.

보고서

박소연, 임지우, 정호윤, 백두산, 안도영. "Crypto Economy 태동하는 생태계" 〈한국투자증권〉. 2021. 3. 18.

진종현. "원자재 시리즈 : 금(金) – 막을 내린 금의 시대" 〈삼성증권〉. 2021. 4. 9.

"중앙은행 디지털 화폐" 〈한국은행〉. 2019. 1.

기타

"17년 전 SEC 금 ETF 승인으로 점쳐보는 비트코인 ETF 효과". (2021. 3. 26). 분자파수꾼 홈페이지 https://cobak.co.kr/community/16/post/473653

"2020. 3. 19. 환율마감 현황". (2020. 3. 19). (주)삼성금거래소 홈페이지 www.samsunggold.co.kr.

"고령화". (2021. 10. 2). 나무위키. https://namu.wiki

"[알아봅시다!] 가격변동 없어 안전한 가상자산 '테더·USD코인(USDT · USDC)'". (2021. 8. 29). 코인원 홈페이지 https://coinone.co.kr

"우리나라 인구가 2만여 명 줄어 사상 처음으로 감소하고, 1인 세대는 급증해 사상 최다를 기록했습니다. (2021. 1. 4). 대한민국행정안전부 블로그. https://blog.naver.com/mopaspr/222195992223

"테드 윌리엄스". (2021. 12. 18). 나무위키. https://namu.wiki

"피델리티 '비트코인 2026년에 100만 달러' – 'Understanding Bitcoin' 기관용 보고서". (2021. 8. 28). 블록미디어 홈페이지 www.blockmedia.co.kr.

김파 홈페이지. https://kimpga.com

노르웨이 국부펀드 홈페이지. www.nbim.no

코인마켓캡 홈페이지. https://coinmarketcap.com/ko/

헷지팔로우닷컴 홈페이지. https://hedgefollow.com/funds/Berkshire+Hathaway

T-mobile 홈페이지. https://www.t-mobile.com/coverage/coverage-map

(개정판)
주식, 디지털 자산, 연금,

자산 투자 가이드

제1판 1쇄 2022년 5월 30일
제2판 1쇄 2023년 8월 4일

지은이 천백만(배용국)
펴낸이 한성주
펴낸곳 ㈜두드림미디어
책임편집 배성분
디자인 얼앤똘비악(earl_tolbiac@naver.com)

㈜두드림미디어
등록 2015년 3월 25일(제2022-000009호)
주소 서울시 강서구 공항대로 219, 620호, 621호
전화 02)333-3577
팩스 02)6455-3477
이메일 dodreamedia@naver.com(원고 투고 및 출판 관련 문의)
카페 https://cafe.naver.com/dodreamedia

ISBN 979-11-93210-06-2 (03320)

같이 읽으면 좋을 주식, 선물 도서 목록

같이 읽으면 좋을 주식, 선물 도서 목록

같이 읽으면 좋을 주식, 선물 도서 목록

DM
dodreamedia
두드림미디어

| (주) 두드림미디어 카페
https://cafe.naver.com/dodreamedia

가치 있는 콘텐츠와 사람
꿈꾸던 미래와 현재를 잇는 통로

Tel : 02-333-3577
E-mail : dodreamedia@naver.com